ATD グローバル ベーシック シリーズ

コンピテンシーを活用した トレーニングの基本

効率的な事業運営に役立つ研修開発の実践ガイド

ウィリアム・ロスウェル &
ジェームズ・グラバー 【共著】
William J. Rothwell & James M. Graber

平田謙次 【監訳】
Kenji Hirata

日本イーラーニングコンソシアム 【訳】
e-Learning Consortium Japan

ATD TRAINING BASICS SERIES

Competency-Based
Training Basics

HUMAN VALUE

目次

ATDグローバル・ベーシック・シリーズについて vii

監訳にあたって ix

はじめに xiii
  各章の見どころ xv
  以下のアイコンに注目してください xviii
  謝辞 xix

第1章　コンピテンシーベース・トレーニングとは 21
  コンピテンシーの定義 21
  コンピテンシーベース・トレーニング 22
  コンピテンシーベース学習 23
  主要な用誤 23

第2章　なぜ組織はコンピテンシーを活用するのか 29
  なぜ、コンピテンシーは組織にとって重要なのか 30
  組織におけるコンピテンシー 30
  ギャップを縮小し、強みを活用する 32
  なぜ学習プロフェッショナルはコンピテンシーを
    利用しなければならないのか 33

第3章　コンピテンシー・アセスメントと学習とトレーニングニーズの
     決定の基本 37
  コンピテンシー・アセスメントとニーズの優先順位の決定 37
  アセスメント情報の活用 44

第4章　コンピテンシーを活用したトレーニング設計 **49**

ISD モデル（教授システム設計モデル） 49

コンピテンシーの利用に向けて ISD モデルを変更する 52

コンピテンシーを使って従業員の能力開発を行う 55

第5章　コンピテンシーベース学習をサポートするためのテクノロジー活用 **59**

テクノロジーによってコンピテンシーベース学習を補強する方法 61

どのようにラーニングテクノロジーを活用できるか 62

ATD の専門領域と関連するテクノロジー 64

第6章　コンピテンシーベース・アプローチに関するコミュニケーション **89**

コミュニケーションプランを構築する 91

コンピテンシーベース学習に取り組む期間におけるコミュニケーション 99

第7章　学習を導き出すためのコンピテンシー活用
　　　　―アプリケーションガイド **103**

トレーニングと能力開発への取り組みのガイドとなる
コンピテンシーモデルを活用する 104

望ましい成果に向けてコンピテンシーの開発リソースと
行動指標をひもづける 106

既存のトレーニングをコンピテンシーモデルと関連づける 108

まとめ ―事例― 111

事例研究：リーダーシップ開発プログラムを評価すること 115

最後に 122

第8章　コンピテンシーベース・トレーニングと学習の将来 **125**

予測1：コンピテンシーベース学習はさらに広く受け入れられる 126

予測2：コンピテンシーベース学習では、模範的なパフォーマーと
高業績を上げるパフォーマー（ハイパフォーマー）との違いに、
よりフォーカスするようになる 127

予測3：コンピテンシーベース学習は、テクノロジーによって
より使い勝手が良くなり、学習が促進される 128

予測4：コンピテンシーベース学習では、学習プロセスに対する
学習者自身の責任がより多く求められる 129

予測5：コンピテンシーベース学習では、コンピテンシーを構築する
　　　方法に関するより包括的な考え方をが求められるようになる 130
予測6：倫理やバリューに対する注目の高まりが、
　　　コンピテンシーベース学習の後押しとなる 131
予測7：コンピテンシーベース学習は、HR マネジメントや学習と
　　　パフォーマンスのすべての要素に関して、
　　　より創造的な考え方を要求する 131
予測8：コンピテンシーベース学習は、組織のバランススコアカードと
　　　連携する 132
予測9：コンピテンシーベース学習では、評価に関する新しい考え方
　　　が必須となる 132
予測10：コンピテンシーベース学習では、汎用コンピテンシーと同様に、
　　　機能的もしくは技術的なコンピテンシーにフォーカスされる 133
最後に 134

付録A　コンピテンシーベース・トレーニングに関するFAQ 137

付録B　コンピテンシーモデル開発：コンピテンシー特定の基本 153
コンピテンシーモデルを作成することの潜在的な利益 153
コンピテンシーモデルのタイプ 154
コンピテンシーのタイプ 155
コンピテンシーとコンピテンシーモデルの要素 156
ジョブ・プロファイリングを通じたコンピテンシーモデル開発 157
ジョブ・プロファイル情報へのアプローチ 158
コンピテンシーモデルの妥当性検証 161
コンピテンシーモデル開発者の特質 163
自社版のジョブ・プロファイリング・プロセスを組み立てる 164
ジョブ・プロファイリング・ミーティングの手順 167
良いコンピテンシーモデルは進化し続ける 183

参照文献 185

著者について 195

監訳者紹介 197

訳者紹介 198

ATD グローバル・ベーシック・シリーズ について

ATD グローバル・ベーシック・シリーズは、世界最大の人材開発の機関である ATD（Association for Talent Development）が、研修やパフォーマンス改善に取り組む人々のために、各手法の必要最低限の知識とソリューションを 1 冊でわかるようにまとめて提供しているものです。

本シリーズは、2003 年に刊行がスタートしてから、2015 年現在で 25 冊が刊行されています。

本シリーズに納められている内容や言葉の意味は、米国はもとより、韓国・中国・インド・中東などのグローバルに展開する企業で、人材開発担当者の共通言語となってきました。しかし、日本においての人材開発は、我が国の伝統や文化に沿って独自の良さをもち、独自の言葉を使う傾向があります。今日、日本の企業もグローバル化によって、海外の人材開発担当者と情報交換を行ったり、海外と共通の人材開発プログラムを実施することも増えてきています。その際に、ATD で用いられる概念や言葉について、背景や意味などの理解が不十分なまま異なる解釈をしていると、意思疎通を阻害することが考えられます。

そこで、ヒューマンバリューでは、日本の人材開発・組織開発・パフォーマンス改善に携わる方々に、グローバル企業で使われている言葉や概念を理解していただく一助になればと願い、ATD グローバル・ベーシック・シリーズを日本で刊行することにいたしました。

本書を日本で刊行する意図の 1 つは、海外での企業や行政体における人材開発関係の言葉の使い方やコンテクストを理解し、なじんでいただくことですので、翻訳にあたってはなるべく英語をカタカナのままで表記するようにしました。

しかしながら、いきなりカタカナでは理解しづらいところもあるかと思い、

適宜本文中に補足を入れたり、訳注を挿入しています。

　本シリーズは ATD が責任をもって編集したもので、偏りのない標準的で基礎的な内容がわかりやすく実践的に 1 冊にまとめられています。基礎の確認、また入門書としてお役立ていただくようにお願い申し上げます。

監訳にあたって

平田謙次

　本書の執筆者であるロスウェル教授に、初めてお会いしたのは1998年でした。コンピテンシーという言葉は、専門家の中で話題になるものの、日本ではまだ一般に知られるには至っていませんでした。当時、社会人大学院の博士課程の学生でもあった私は、コンピテンシー研究に取り組み始めていましたが、1つの懸念をもっていました。それは、当時の学術界（米国産業・組織心理学会）では、コンピテンシーはアートであって科学的研究ではないとされていたからです。心理学においては、コンピテンシー（competency）ではなくコンピテンス（competence）という用語が広く知られ研究されていたことも背景にありました。コンピテンスは、乳幼児のもつ外界に働きかける力や自分自身に対する有能感で、主に発達やモチベーションの領域で研究され、仕事場面との接点はマクレランドが言及するのみで限られていました。実際、コンピテンシーとして論文を書いていたのは、ボヤティス、スペンサー、ルーシー、ソネンタンそしてロスウェル以外はほとんど探し出せませんでした。

　そこで、基礎研究方法を知る、という以前に、そもそもきちっとした科学的データが存在しているのかを確かめるとともに、もし存在しているなら共同研究の可能性を探りたいと考え、ボヤティス、スペンサー、ロスウェルの3名に会いに行くことにしました。

　その中でも、科学的アプローチを取っており、かつ、すべてのデータを紹介し熱心に説明していただいたのがロスウェル教授でした。コンピテンシー研究を博士論文としてまとめ、日本においてコンピテンシーという考え方を実践の場面に取り入れていくべきだと、確信した瞬間でもありました。

ix

2010 年に日本規格協会から、日本 e ラーニングコンソシアムの方々と協働して 2 つの ISO 国際標準規格を翻訳する機会をいただき、仲林清教授、森田晃子様、合田美子准教授、五十嵐寿枝様、櫻井良樹様、といったすばらしい方々とプロジェクトを完遂させることができました。そして、今回同じメンバーとともに株式会社ヒューマンバリュー様より本書を翻訳する機会をいただきました。多難の翻訳作業の中、また、本業がある中で訳者および編集者に多くの時間と息吹を吹き込んでいただいたことに、心より御礼を申し上げます。また、翻訳チームと出版社との折衝やプロジェクト管理を丁寧に行っていただいた櫻井様に、特に感謝申し上げます。

　そして、本書を手にされる読者の方々へのリーディングガイドとなればと思い、本書の背後にある「人を見る」ことについてご案内したいと思います。

　私たちはどれだけ「人を見て」いるでしょうか？　また、支援することができているでしょうか？　出勤してきた姿、部下との面談、電話応対している様子、飲み会の席などで私たちは人をいつも見ています。そして、知らず知らずのうちに自分の中にある基準に照らし合わせて、良し悪しを判断し、記憶にとどめています。その意味で、人は誰もが見るプロだといえます。

　「人を見る」というと、その背後で行われる評価や批評を中心に考えてしまい、人によっては好意的なイメージをもたないかもしれません。一方、「人となりを見る」となると、人間らしい全体的な側面を汲み取ろうとすることが中心となり、好意的なイメージになります。この見方の違いは、その後の支援方法を大きく変えることにもなります。

　本書では、人をどう見たらよいか、そしてどう支援するかについて、一貫したアプローチとして描かれています。このアプローチを理解するために、仕事場における 2 つの「限定性」について念頭におくことで、人を見ることが単なる批判になったり、人となりを見ることでぬるま湯的なものとなってしまうという双方を、防ぐことができるでしょう。

　1 つは、環境の限定性です。人が見ている場面は、仕事の内容や環境、立場などが相まって制約となったもので、人が表出し織りなせることがそもそも制限されるのです。レジ打ちのアルバイトが担当するタスクの様子を見て、その人の本当の能力を測り知ることは到底できません。営業支援を単なる事務処理要員としてしか見ない営業部門においては、その人が潜在的にもって

いる創造性も交渉力も発揮する余地はないのです。

　もう1つは、情報の限定性です。見て記憶したものは、記憶する際も記憶を思い出す際にも、主観としてのバイアスが掛かるとともに、記憶容量の制約から数少ない要素で把握されてしまうのです。一度にたくさんの要素を複合的に捉えることはできないのです。「できるやつ」「元気のいい人」「理論派」など強烈で限定的に記憶に残る要素に左右され、全体的な視点で捉えたり、修正したりすることは難しいのです。

　コンピテンシーベース・アプローチの基本を記した本書では、こうした限定性を考慮し、プロフェッショナルとして人を見て、支援することのガイドラインを提供してくれています。そのため、人事や教育に携わる方のみではなく、マネジメントの立場にある人に是非とも一読いただけることを願っております。

はじめに

　本書『コンピテンシーを活用したトレーニングの基本』は、コンピテンシーベース・トレーニングとコンピテンシーベース学習に関する実践入門書となるようにと執筆しました。コンピテンシーに対して今まで以上に意識し活用することが、トレーナーやマネージャーがよりよい結果を達成していくための手助けとなるものだと考えています。ある人たちが他の人たちよりも高い生産性を生み出していることを理解することは、職場でのトレーニングと学習のプログラムを効果的に管理し浸透させていくための基盤です。

　この本は、学習促進やトレーニング、能力開発に携わるすべての方々のために執筆しました。読者として、以下の方々を想定しています。

▶ 学習とパフォーマンスに関するプロフェッショナル
▶ マネージャー
▶ HR プロフェッショナル
▶ SME（Subject Matter Expert：領域専門家）

　トレーナーたちは、教授システムの設計（ISD：Instructional System Design）モデルの理論とその実践には慣れ親しんでいると思います。ISD モデルの中核は人が取り組む業務を分析することですが、また、成果をもたらすために遂行するタスクに対する評価も含んでいます。ただし、最も成功していたり、顕著に優れていたりするパフォーマーたちの特徴を把握することの重要性に対して、学習のプロフェッショナルたちは従来から懐疑的な見方をしていました。しかし、優れたパフォーマーたちのもつ他の人とは異なる特徴を理解することは、各組織での事業全体の健全性にとって非常に重要なのです。多くの学習のプロフェッショナルたちや彼らを支援する組織では、

xiii

今、伝統的な学習アプローチを見直し始め、期待するビジネス成果の達成に
つながる個人差に、より重点を置くようになってきました。新しいものでも
既存のものでも、学習機会やトレーニングプログラムをうまく計画し学習を
促進させていくために、トレーナーたちはコンピテンシーベース学習を活用し
浸透させていくことに一層の理解が求められています。トップパフォーマー
に多く見られるような職務能力をいかにつくり上げていくか、そのための革
新的な方法をつかみ取ることがこの本の主なゴールの１つです。

　残念なことに、大学や大学院の学位にかかわらず、多くのトレーナーや彼
らのマネージャーは、コンピテンシーやコンピテンシーモデル開発といった
ややこしい代物に関する公式トレーニングを受けてきてはいません。問題な
のは、人を育てる基本原則について各チームに伝えていくコーチ役やメンター
役を、（トレーニングに対する重責を担う）しかるべきマネージャーが担って
いくという道筋を、多くの組織においてたどっていないという現実があるこ
とです。

　本書『コンピテンシーを活用したトレーニングの基本』は、効率的な事業
運営に直接関わってくる肝心要のコンピテンシーについての知識を獲得する
第一歩として役立ちます。コンピテンシー開発の90％は職務上で発生しま
す。そのため、本書で語られる原則や実践は、監督者やマネージャー、さら
には、成果にとって重要となるコンピテンシーをもつ人を見つけ出し、能力
を開発し、引き留めるタレントマネジメントの最高責任者にとっても極めて
有益なものとなります。この本を厭わずに時間をかけて学べば、学習のプロ
フェッショナルたちにとって強力なビジネスツールとして、十分活用できる
だけの内容情報を積み上げていくことができます。

はじめに

各章の見どころ

　本書の各章は、読者の成功に役立ててもらうことを目的としています。以下に各章の概要を説明します。

第1章：コンピテンシーベース・トレーニングとは
　コンピテンシーベース・トレーニングという用語は、コンピテンシーベース学習の背景概念として説明あるいは明確にするのに用いられるもので、組織ごとにも異なります。この章では、共通理解に向けて専門用語を明確にしていきます。

第2章：なぜ組織はコンピテンシーを活用するのか
　すべての組織がコンピテンシーを利用することがよいという確信をもっているわけではありません。この章では、コンピテンシーを活用するためのビジネスケースから構成しています。

第3章：コンピテンシー・アセスメントと学習とトレーニングニーズの決定の基本
　この章では、組織において個人やグループのコンピテンシーをアセスメントする方法について詳細に説明します。アセスメントを通して、個人の能力開発および他の目的においても、適切に利用できるための情報に触れていきながら、アセスメントのプロセスを単純にし、また管理を可能にするための実践的なアドバイスを提供しています。

第4章：コンピテンシーを活用したトレーニング設計
　第4章では、トレーニングや学びを助長する際、コンピテンシーを用いて従来のISDモデルを改良していくための方法について説明します。

第5章：コンピテンシーベース学習をサポートするためのテクノロジー活用
　この章では、コンピテンシー・マネジメントにおいてテクノロジーを利

xv

用する利点と課題の双方を特定しています。松葉杖としてではなく、むしろコンピテンシーの内容を明示し、モデリングし、アセスメントし、そしてタレントマネジメントで用いるツールとしてのテクノロジーの利用方法を説明していきます。

第6章：コンピテンシーベース・アプローチに関するコミュニケーション

多くの場合、利用者であるユーザーがコンピテンシーとは何かについて、また組織にとってコンピテンシーが有益な理由を理解する前に、組織でコンピテンシーが開発され組織の中で展開されています。この章では、中核となるステークホルダのメンバーグループにコンピテンシーベース・アプローチの価値を伝え、売り込んでいくことについて述べています。

第7章：学習を導き出すためのコンピテンシー活用 ― アプリケーションガイド

この章では、コンピテンシーベース学習の「実施ノウハウ」にフォーカスしています。具体的には、学習とパフォーマンスに関するプロフェッショナルが直面する2つの一般的なシナリオについて検証しています。最初のシナリオは、自分たちのトレーニングプログラムの中に、（他者によって開発された）コンピテンシーセットを適合させることが求められている学習のプロフェッショナルたちへのガイダンスです。2つ目のシナリオは、すでに行われている学習機会と学習プログラムを、新しいコンピテンシーモデルに連携させていく方法についてのアドバイスとなっています。

第8章：コンピテンシーベース・トレーニングと学習の未来

最後の章では、今後のコンピテンシーベース・トレーニングとコンピテンシーベース学習に対する10の予測を述べています。

この本の最後に2つの付録があります。コンピテンシーに役立つ情報源と参考図書も示しています。

はじめに

付録A：コンピテンシーベース・トレーニングに関するＦＡＱ

ASTD（現ATD：以降、ATDで表記）のシカゴ支部のフォーカス・グループが、FAQのための基となる材料を提供してくれました。コンピテンシーモデル開発のプロジェクトが立ち上がったときに、トレーニング部門もしくは経営層のキックオフ会議での配布資料として、あるいはトレーナーや経営層、マネージャー、あるいはコンピテンシーについての現場の監督者に対するトレーニングの資料の一部として、このFAQをご使用ください。このFAQにはマネージャーと従業員が質問しそうな、多くの典型的な疑問をそろえました。

付録B：ニンピテンシーモデル開発―コンピテンシー特定の基本

コンピテンシーを特定し、コンピテンシーモデルを構築することは非常に大きなテーマであり、とても本書だけで請け負える内容ではありません。この付録では、コンピテンシーモデルを開発するプロセスについての基礎知識を提供することを目的として、ある組織においてコンピテンシーのライブラリーを構築するためのさまざまなアプローチをまとめています。コンピテンシーモデルを「ゼロからつくる」場合と外部（市販）のものを「購入する」場合、そして「購入して編集する」場合の3つのアプローチを比較しながら、高いレベルの内容を学ぶことができます。コア・コンピテンシーや機能横断コンピテンシー、そして専門コンピテンシーの違いやそれを特定する方法の違いがわかります。目的を選別していくための行動に関する質問とともに、コンピテンシーの定義を一歩進めて深堀りし、行動宣言文として明確にしていくための方法について検討しています。コンピテンシーモデルの例は、ATDのウェブサイトをご覧ください（www.td.org/CompetencyBasedTrainingBasics）。

xvii

以下のアイコンに注目してください

この章の内容
各章ごとに、その章で取り上げるトピックの概要を最初に示しています。読みたいと興味をもつようなことが書かれているかを見つける際に参照するとよいでしょう。

考えるヒント
各章で取り上げるツールやテクニックの使い方のために役立つヒントです。

基本原則
各章で取り扱うルールの要点。実質的なトレーニングの基礎となる重要な概念や前提事項を示しています。

補足説明
補足としての追加情報を提供します。

実践に向けて
各章の最後のセクションは、内容を振り返って理解することやあなたの状況に適用するのに役立ちます。深く考えるための質問リストや、セルフ・アセスメント・ツールなどがまとめられています。また、あなたがファシリテーションできるようにする実行ステップのリストなどもあります。

はじめに

謝辞

　ウィリアム・J・ロスウェルは、妻であるマルセリーナ・ロスウェルと、娘キャンディスにこの本を捧げます。妻と娘は、人生に明かりを注いでくれています。

　ジェームズ・M・グラバーは、世界クラスの役割モデルとなってくれていた父と母、妻であるパメーラ、そして、生活において何が重要かということの象徴である2人の娘、ブルターニュとグレースにこの本を捧げます。

　ジェームズは、以下の個人（主にATDシカゴ支部の面々）にお礼を申し上げたいと思います。彼らは、付録AにあるFAQでの多くの問いを提供してくれました。ジェニファー・エベレット氏、カーク・ハロウェル氏、コニー・ヒンクル氏、マット・ホフ氏、ジュリー・ジャック氏、アヌ・ケータパール氏、デボラ・ロープシンスキー氏、キャサリン・メリエヌオー氏、ナンシー・モラン氏、ジェリー・マウント氏、デボラ・パスター氏、そしてディルク・タッスイング氏です。

　さらに私たち著者は、辛抱強くこの本を書くようにと励ましてくれた、マーク・モロー氏に感謝したいと思います。ウィリアム・J・ロスウェルは、勤勉な大学院助手で、著作権保護に関して必要な場面で手を貸してくれたアイリーン・ゼブレロー氏に対しても感謝申し上げたいと思います。

2010年10月

ウィリアム・ロスウェル

（William Rothwell）

ジェームズ・グラバー

（James Graber）

第1章

コンピテンシーベース・トレーニングとは

この章の内容
この章では、以下について学びます。
▶ コンピテンシーベース・トレーニングとはどのようなものか
▶ コンピテンシーに関わる重要となる専門用語の基本的な定義

　コンピテンシーをトレーニングすることや学ぶことを一から築き上げるときでも、あるいは既存のコンピテンシーを組織で普及展開するときであっても、このコンピテンシーに携わる職務では多くの用語と概念をしっかりと身につけておかなければなりません。コンピテンシーの技術的詳細は複雑になりますが、この章ではコンピテンシーに関する重要となる専門用語の定義を可能な限り平易な言葉で書き表しています。

コンピテンシーの定義

　コンピテンシーとは、期待に沿ったもしくは顕著に高いパフォーマンスを導き出している個人のさまざまな特徴を示す言葉です。コンピテンシーには、技術スキル、モチベーションのレベル、人格特性、知識体系をよく理解していること、あるいはその他にも成果を生み出すことに関わる大抵のものが含まれているといってよいでしょう。コンピテンシーは個人の領域に関するも

のです。したがって、他の人たちよりも成功をもたらしている人の資質を切り出して定義する一番良い方法は、ハイパフォーマーの分析だということを念頭に置かなければなりません。

コンピテンシーモデルの開発

コンピテンシーモデルとは、ハイパフォーマーの潜在能力を記述したコンピテンシーセット（一般的に 10 ～ 30 個）のことです。コンピテンシーモデルは、タスクリストに関連づけられている知識、スキル、能力（KSAs[*]：the Knowledge, Skills, and Abilities）だけを調査したり、それだけに依存したりするものではなく、その代わりに、ハイパフォーマーの行動に着目することで導き出していきます。コンピテンシーモデル開発は、理想とされるパフォーマーのプロファイルを創り上げることから始めます。ここでいう理想とされるパフォーマーとは、計測可能な職務標準によって客観的に定義された最も効率的な人物を意味します。理想的パフォーマーとその他の一般的パフォーマーとの違いをギャップと呼び、通常は、行動を表す用語や仕事のアウトプットを示す用語で表現します。コンピテンシーモデルを開発していくことは複雑で骨の折れる作業で、正式にはトレーナーの職務ではありません。しかし、コンピテンシーモデルについてより深く理解するのであれば、コンピテンシーモデル開発の全貌を説明した付録 B を参照してください。

コンピテンシーベース・トレーニング

コンピテンシーベース・トレーニングの目的は、優れたあるいは特に優秀なパフォーマーのスキル群に合致するように、個人が必要な特徴を獲得あるいは形成するのを支援することです。この本では、自社でのトレーニングや学習を実施していく中でコンピテンシーモデルについて理解し、また、普及展開していく方法を紹介していきます。

しかし、個々人においてすべてのコンピテンシーが開発可能であるということではありません。たとえばコンピテンシーベース・トレーニングが、ハ

イパフォーマーを育成することを必ずしも保証する必要はないことに注意してください。セールスパーソンの緻密なコンピテンシーセットですら、内向的な人材をセールスとして才能ある専門家に変えてしまうものではありません。

基本原則 1

コンピテンシーを職務記述書と混同しないこと。職務記述書は遂行することを期待される個人の業務の内容について書き表したものです。これに対して、コンピテンシーモデルは成功している、あるいは顕著に優れて業務を遂行する人に共通する特徴を書き描いたものです。

コンピテンシーベース学習

　トレーナー、ファシリテーター、あるいはマネージャーたちが望まれるコンピテンシーを構築するための経験を提供できるとはいえ、コンピテンシーベース学習における主たる責任は、次第に学習者自身が担うようになってきています。主体的な学習者は、雇用の継続、昇進、他部署への異動、キャリア転換、転職などを手助けしてくれる人物や経験を自ら見つけ出します。コンピテンシーベース学習とコンピテンシーベース・トレーニングの違いは、後者は組織がスポンサーとなって、個人を理想とされるパフォーマーのプロファイルに合致することを支援するのに対し、前者は良いまたは優秀なパフォーマーに肩を並べるようとする個人自らが行うものです。

主要な用語

　以下の用語は、本書を最大限に活用してもらうために取り上げたものです。ここではまさに基本的な説明のみとなっています。コンピテンシーに関するより詳細な内容や技術的説明は、付録を参照してください。

職務コンピテンシー

　ボヤツィス（Boyatzis, 1982 年, P.20）の定義によると、「職務における効果的なあるいは秀でたパフォーマンスを上げる従業員の背後にある特徴」のこと（つまり、動機、特性、スキル、自己認識、社会的役割、保有する知識体系など）。

組織能力

組織の競争優位性や成功をもたらす本質的要素。あるビジネスにおいて、競合他社の事業とは異なるもので、また、優れているあるいは明らかな差異のある独自性や主要な強みとなっているもの。

機能横断コンピテンシー

さまざまな従業員に共有されている共通コンピテンシー。たとえば、プロジェクト計画やタイム・マネジメント、予算編成、文書作成などのスキル。

技術または機能コンピテンシー

(エンジニアリングのような) ある機能分野で有効となる必要不可欠な特有の知識。

コア・コンピテンシー

組織のすべてのレベルとすべての機能にとって特に重要かつ核心となる、限定した (通常、4〜7個の) 特徴。たとえば、学習の迅速性 (learning agility)、他者との効果的な協働、誠実さなど。

コンピテンシーモデル開発

コンピテンシーを見出していくプロセス。

コンピテンシー・アセスメント

個人とコンピテンシーモデルとを比較していくプロセス。

コンピテンシー開発

コンピテンシーを構築すること。それは通常、職務トレーニングや公式な教育、人的交流 (以降：ネットワーキング)、職務としての仕事経験を通じて行われる。通常、人材開発として行われる経験は、行動レベルでのアセスメントを可能にすることとなるコンピテンシーを築いていくことにフォーカスしている。書籍やeラーニング、トレーニングプログラム、業務経験、そ

の他の行為が育成のためのリソースとして用意され、活用される。

コンピテンシー獲得

　組織がコンピテンシーを獲得するプロセス。コンピテンシー獲得には、現在の労働力の中でコンピテンシーを築き上げることや、外部からコンピテンシーを調達すること、そしてその両方を用いる方法がある。組織は、非正規雇用者やベンダー、コンサルタント、そしてアウトソーシングに依存し、コンピテンシーを「借用」することが増えてきている。

コンピテンシーベース・トレーニング

　組織の戦略的成功や職務の成功に合致するコンピテンシーを築いていくプロセス。

コンピテンシーモデル

　ハイパフォーマーの潜在的能力を言い表すコンピテンシーセット（通常、10 〜 30 個）。

行動指標

　ある組織文化においてコンピテンシーと関連した行動。例示1－1を参照。

例示1－1　行動指標の例

顧客サービス

定義：立場に関係なくすべての従業員は、サービスと情報を提供していく外部または内部の顧客をもっている。そして、有益で、礼儀正しく、利用しやすく、機敏な応答で、知性に富んだサービスを提供することで、いかなる状態においてもコミットすることに対して誇りをもつ。

ハイパフォーマーの指標

顧客ニーズを満たすような助言と有益な情報を自ら進んで提供する。顧客に正確な情報を提供するために適切な行動を取る。顧客の抱えている課題について責任感をもって引き受け、問題を解決していく適切な段階を踏んでいく。

出典：Georg a's Behavioral Competency Dictionary State Personnel Administration - 2008.
　　　www.spa.ga.gov/pdfs/wfp/GA_framework.pdf

行動アンカー

　パフォーマンスとして望ましい順に配列された行動。通常、平均または平均以下のパフォーマーとハイパフォーマーとを比較した際に、最も優秀なパフォーマーに頻繁に見られる行動に関する研究に基づく。例示1−2を参照。

例示1−2　　行動アンカーの例

適応力

　個人の業務上のタスクや仕事環境において、大きな変化に直面したときでも効果的に振る舞うことができる。新しい業務の構造やプロセス、要求あるいは文化において仕事ができるように、効果的に調整する。

改善が必要なレベル
・抵抗を示し、変化を好まない。変化にうまく対処しない
・今までの取り組みと手順に従い続ける
・変化に向かうことと同様に、また、変化を受け入れ、それを実践することにも否定的な態度を示す。変化の利点を見ようとせず、最悪なことばかり予想する
・変更に対して不必要な疑問をもつ
・部門の全体ビジョンを受け入れないか、支持しない
・部下が変化を受け入れるのを、ほとんどあるいはまったく手助けしない

期待に沿うレベル
・業務タスクや状況、そして環境の変化を理解するのと同様に、変革の必然性や原則も理解しようとする。変革を達成するためのゴールと優先順位を設定する
・変革を推進し、奨励する。自分自身と他者に対する変化に適応するために、必要なことを行う
・変革によって、組織と組織に所属する個人にどのような利益があるかを見極める
・変革を効果的な方向へ導く
・変革のプロセスを通じて部下に指示し、援助する

高業績レベル
・業務の変化に期待をもち、新しい状況や業務での要求を迅速に受け入れる。新しい業務状況に関する情報を積極的に探す
・変化にプラス思考で取り組む。変化と新しい状況を学習や成長の機会と捉え、また有益な面にフォーカスする。他者において発生する変化について前向きに話す。スタッフに説得力をもった手本を示す
・変革の最終結果を予想し、変革が適切に統合されることを保証するようにフォローする
・業務の構造やプロセスが頻繁に変化する環境において、優れたパフォーマンスを発揮する。変革を実行に移すために、適切なリスクを取る
・変革に挑戦する。変革エージェントとして部下の業務を支援する

出典：State of Michigan, Supervisor Competencies Rating Scales.
　　　www.michigan.gov/documents/group3SupvBARS_42992_7.pdf

第1章　コンピテンシーベース・トレーニングとは

仕事のアウトプット

ある結果がコンピテンシーに関連する場合は、コンピテンシーを発揮した結果とする。

品質要求

仕事のアウトプットの質に関する計測。

本書を読み進むに従い、これらの定義はあなたのボキャブラリーの一部に加わるということ以上の意味をもってくることでしょう。また、今後も参照することから、ブックマークをつけようと思うことでしょう。次章では、なぜ、またどのように組織がコンピテンシーを使うのかについて学んでいきます。

実践に向けて

この章では、職務記述と業務で高業績を上げる人のパフォーマンスの記述との違いを強調しました。ここで学んだ原則を応用するための考え方について、以降の章で身につけていく上で役に立つと思われる質問を以下に挙げます。

1. コンピテンシーが、あなたの日常の業務にどのように影響しているかを考えてください。このコンピテンシーの影響が現れる状態を、いくつかリストとして挙げることができますか？
2. ジョージ（George）は、上位校の大学を非常に優秀な成績で卒業した、とても有能なエンジニアです。しかし彼は、現在の雇用者の元では、他のほとんどのエンジニアと同じレベルのパフォーマンスすらも発揮できていません。才能があることが明白である一方、彼には他にどんなコンピテンシーが欠けていると想像しますか？
3. 従来のトレーニングが着目していることは何でしょうか？　現場のマネージャーに対して、あなたは従来のトレーニングとコンピテンシーベース・トレーニングとの違いをどのように説明しますか？　また、従業員にはどのように説明しますか？

＊ KSA：組織行動論（Organizational Behavior：OB）では、古くから KSA および KSAOs などの略語が使われていますが、いずれも A は "Ability" を指します。こちらのほうが OB および人事領域での一般的な理解です。"Attitude" は "O：Other characteristics" に含まれる概念です。"Ability" は、いわゆる話す、書く、計算するなどの認知的能力や身体・運動能力など一般的に測定方法が確立されているものです。"Skill" は応用的および仕事に直接関与するものです。こうした考えは、職務記述書にも展開されていますし、米国の最大の職務データベース O ＊ NET でも同じです。一方、OB ではなく教育学のほうでは、Bloom の 3 領域の考え（Cognitive, Psycho-motor, Affective）を、後年わかりやすく説明するのに当てられたのがこの 3 つ（KSA）で、affective に対応するものが attitude とされました。

第2章

なぜ組織はコンピテンシーを活用するのか

この章の内容
この章では、以下について学びます。

▶ なぜ、コンピテンシーを活用すると組織は強くなるのか
▶ 学習とパフォーマンスに関するプロフェッショナルが、トレーニングと人材開発の基礎としてコンピテンシーを活用する利点は何か

　コンピテンシーとコンピテンシーモデル開発の知識は、学習の結果に対して責任をもつ仕事場学習の専門家にとって、ますます重要になってきています。最前線の学習とパフォーマンスに関するプロフェッショナルおよびそのマネージャーは、自分たちのキャリアの中でコンピテンシーやコンピテンシーモデル開発に携わってきているものの、彼らのほとんどはこれらのテーマに関する正式なトレーニングをまったく受けていません。

　筆者らの目標は、この不備に対して取り組むことであり、それはあなたの組織の中で機能するような、強力で、生産性を向上させるコンピテンシーというツールを導入できるようにすることです。

なぜ、コンピテンシーは組織にとって重要なのか

　高業績を上げる人たちは、他の一般の人と比べて生産性が20倍だと研究では示唆されています。確かに、CEOなら誰でも、大量生産と同様に、このような人たちをできるだけ多く組織に取り込むことを歓迎するでしょう。個人のコンピテンシーと職務のコンピテンシーモデルを合致させることは、彼らを最大限に貢献することができる職位に配置することになります。コンピテンシーの学習は、20倍の生産性向上を約束するものではありませんが、人々を正しい方向へと向かわせます。

　もし、才能を開発することが将来の組織の成功にとって重要になるのであれば、より才能のある労働力を生み出すコンピテンシーの理解と活用が、競争力を確保していく鍵となります。学習とパフォーマンスに関するプロフェッショナルは、コンピテンシーの活用を通じて、この将来の成功において重要な役割を担っているのです。

考えるヒント

人はどうやって自分固有の才能を発見するのでしょうか？なぜ、ある人たちは他の人と同じ職務名であるにもかかわらず、より良い結果を上げるのでしょうか？

組織におけるコンピテンシー

コンピテンシーは職責に関するものではなく、人に関するものである

　この視点において、コンピテンシーは職務分析（プロセス）やその伝統的な成果（職務記述書）とは異なります。理論上では、すべてのHRに関係する取り組みは職務記述書に基づいていなければなりません。しかし残念なことに、職務記述書は業務にフォーカスしているものの、業務で高業績をもたらす人の独自の特徴にはフォーカスしていません。そのため、職務記述書は無視できない重要な結果について、多くの場合、示すことができていません。また、職務記述書は活動や職責に基づいているため、組織において業務の割り当てに変更が生じたり、あるいは、業務のやり方を変えたときには、直ちに変更されるでしょう。

重役秘書の職務記述書の例を考えみましょう。職務記述書上の典型的な業務活動は、「手紙や報告書の作成、チケット予約、その他書類の入力」となるでしょう。しかしこのような行動の記述には、どれくらいの量の手紙、報告、チケット予約、その他書類の処理がその業務に含まれているのか、また職務全体の成功に対して入力作業はどれだけ重要なのか、そしてどのような判断基準をもってこれらの活動の成功とするかなどは示していません。

コンピテンシーは職務タスクよりも永続的なものである

コンピテンシーは、業務において高業績をもたらす人の特徴にフォーカスします。コンピテンシーは人の一部であり、その人が行う業務ではありません。コンピテンシーは成功を導き出す人の独自の特徴について、ピンポイントで示すことに優れています。従来の職務記述書は知識、スキル、能力を簡単なリストで示すのみで、それらは職務固有というものではなく、また技術的スキルしかカバーしていないものだったため、コンピテンシーのような特徴は見過ごされてきたか、ほとんど特定されませんでした。

簡単な例として、清掃員の職務記述書では、応募者の合格要件として高卒の資格を有していることを示しています。また、現職の作業者は「床磨き機の操作方法を知っており、ほうきとモップを使える」ことを求められたでしょう。さらには「清掃員は率先して自ら作業に取り組む」ことも示されるでしょう。しかしもちろん、これら職務記述書の要求事項では、この職務をうまく行うために、本当は何が必要かについてほとんど情報を提供していません。たとえば、高校を卒業した時点でどのようなコンピテンシーを保有していることを前提とするのか、また、どの程度のコンピテンシーが当該職務を行うために本当に必要なのかはわかりません。

最も良い結果を出す人の特徴を理解している組織は、競争優位性を構築する

このような組織は、最も成功する人を募集、採用、育成し、報酬を与え、昇進させることができる状況にあります。したがって、コンピテンシーはあたかも羅針盤のように、最も生産的で昇進する人物を引きつけ、育成し、とどまらせ、地位を与える方針を見つけるための重要なツールです。この意味で、コンピテンシーはタレントマネジメントプログラム同士をつなげる接着

剤だといえます。たとえば、ABC 社は、ファーストフードレストランチェーンをマネジメントしているものとします。数年前、ABC 社はレストランのコック、接客係、各階層の主任やマネージャーに及ぶ全職種に対するコンピテンシーモデルを開発しました。現在同社では、採用時の行動インタビューの指針としてコンピテンシーモデルを活用しています。個人別の能力開発計画を適切に作成していくのに役立つコンピテンシーギャップを、採用プロセスの中で明確にします。さらに高い職務に就こうとする従業員は、上位の高報酬を得る職位で求められているコンピテンシーを自力で開発しようと働きます。

コンピテンシーは組織能力を支援する

　成功する組織は、競合との違いを明確にし、また、戦略的な目標達成の手助けとなる組織能力を保有しています。たとえば、この組織はイノベーション、信頼性、効率性と低コスト、あるいはサービスの迅速な提供などで優位に立つことができます。こうした組織能力は、正しく組み合わせたコンピテンシーの集合によって裏づけられているはずです。結果を得るためには、いくつかコンピテンシーについて他社よりも優れていることが必要だと、戦略的な目標は示唆しています。組織のリーダーは、将来の戦略目標達成のために必要なコンピテンシーが何かを特定することで、戦略を操ることができます。たとえば、XYZ 社は高齢者市民住宅をマネジメントしているとします。XYZ 社は、コア・コンピテンシーとバリューが成長戦略の鍵であるとして、社員全員に求められることを特定しました。これらには思いやり、コミュニケーション、顧客志向が含まれます。

ギャップを縮小し、強みを活用する

　職務パフォーマンスギャップは、当該者が現状果たしている責任レベルに対して、要求事項（コンピテンシー）が合わないときに生じます。能力開発ギャップは、より高い責任レベルに対して当該者に要求事項が合わないときに生じます。学習とパフォーマンスに関するプロフェッショナルは、その職

位に必要とされるコンピテンシーに則って個人を査定し、能力開発が必要な領域を正確に指摘します。一度ギャップが特定されれば、これを解消するためのパフォーマンスマネジメント計画、もしくは個人能力開発計画が準備できます。パフォーマンス計画がパフォーマンス改善に導く行動ステップを詳細に提示するのに対して、個人能力開発計画はコンピテンシー開発にフォーカスしています。

　ギャップにフォーカスしていくこと以外の方法としては、個人パフォーマンスの強みを見つけ、そして、その強みを競争優位となるように活用します。現状レベルで要求事項を上回っている個人は、パフォーマンスの強みをもっているといえます。現状より高いレベルに対する要求事項をも上回っている個人は、能力開発の強みがあるといえます。自分自身の強みを一番よく活用できるポジションに配置すること、そして、パフォーマンスギャップと能力開発ギャップの解消を必要とする人を支援するメンターとして機能させることで、個人の強みは活用することができるのです。

　コンピテンシーによって、ギャップと強みを行動として計測可能にし、また、特定することができます。しがたってコンピテンシーは、ギャップをなくすことをねらう人にも、強みを活用することをねらう人にも、さらにはその両方をねらう人にとっても有用です。

なぜ学習プロフェッショナルはコンピテンシーを利用しなければならないのか

　パフォーマンスギャップや能力開発ギャップを小さくすることがゴールであっても、あるいはパフォーマンスや能力開発の強みを活用することがゴールであっても、コンピテンシーは学習とパフォーマンスに関するプロフェッショナルにとって、有益であるいくつかの理由があります。

▶ コンピテンシーは何が重要かを正確に指摘する

　良い結果を出す人たちとともに、何がその彼らに良い結果をもたらしているかを調べることで、学習プロフェッショナルは、トレーニングにフ

33

ォーカスでき、能力開発戦略を立てることまでできるようになります。人材育成の大部分は職務において起こるというのが本当なら、トレーニングそのものは、コンピテンシーを構築するための1つの方法でしかありません。

コンピテンシーを構築する別の方法としては、以下のようなものがあります。

- 監督者からコーチングを受ける
- 同僚とのネットワークをつくる
- 優れた業績者を観察する
- 過去に起きた同様の問題に対して、どのようにうまく解決したかが記録されている標準的な業務記述書や情報のデータベースにアクセスする
- 問題解決グループに参加する
- 実践共同体（CoP）に加わる
- 書籍や論文を読み、DVDやオンラインビデオを観るといった従来の手法を使う

▶ **何人かの組織リーダーたちは、人材育成では70：20：10％ルールに注意を払うことが必要であると信じている**

この知見に基づくと、全コンピテンシーの70％は、コンピテンシーの構築を目的とした現実の職務経験によって、開発されていくということです。コンピテンシーの20％は、直接会ったり、オンライン上での人とのネットワーキング（実践共同体やWeb2.0テクノロジーの利用など）によって開発されます。そして、計画されたトレーニングでは、コンピテンシーの10％しか開発されないということです。たとえば、マネージャーが予算編成スキルに関わる個人のあるコンピテンシーを開発したいと考えたとします。トレーニングは、そのコンピテンシーを開発

基本原則2

70：20：10ルールに従うこと。コンピテンシーの70％が業務上で開発されるべきで、20％はネットワーキングや協働から、そして10％は計画されたトレーニングによって開発されるとよいでしょう。

するための方法の１つでしかありません。より効果的な方法は、マネージャーが当該者に実際の予算編成を実施する業務を担当させ、マネージャー自身がコーチングしていくことです。マネージャーは自社の他部門から予算編成に長けた他の人材を特定し、面談やメールなどを通じてアドバイスを与えてもらうよう依頼することも可能です。

▶ **コンピテンシーはトレーニングとその他の HR の取り組みとを結びつけることができる**

コンピテンシーが組織の共通用語となることで、組織はどのような能力を必要としているのか、そして、それらの能力はどのように獲得することができるのかが明確になります。コンピテンシーは、従業員の雇用、採用、パフォーマンス評価、報酬、そして後継者育成計画の大事な要素となっていきます。

▶ **コンピテンシーは、組織の将来の業務にとって必要になると思われる資格に関して、従業員との間で理解し合うことを容易にする**

コンピテンシーモデルによって、個人は自己査定の方法を得たことになり、また、他者から価値のあるフィードバックをもらうこともできるようになります。多面的評価である 360 度フィードバックアセスメントは、特にソフトスキルの査定においてよく使われますが、技術的パフォーマンスやスキルのフィードバックにも使われることが多くなってきています。個々人は、自分自身のコンピテンシーと組織内の別の職位で必要とされるコンピテンシーとを比較する情報を得られるのです。また個々人は、さらに上位の職位、すなわち将来のキャリアへのレディネス（成長のための前提準備状態）を向上させるための価値あるフィードバックを受け取ることができます。コンピテンシーは、キャリアパスを議論し、強みを自分自身で開発したり、活用するための方法を明確にするための手段を提供します。

実践に向けて
この章では、組織がコンピテンシーを利用している理由を説明しました。以下に、ここで学んだことを応用するのに役に立つ質問や助言を提示します。

1. なぜ組織はコンピテンシーを利用するべきなのかの理由に関する1分間トークを、エレベータに乗っているときなどにマネージャーに対して説明できるよう、準備しておきなさい。
2. 個人がコンピテンシーベース学習を心がけるべき理由について、リストを作成しなさい。また、リストとキャリアゴールは、どの程度関連しているのでしょうか？
3. この章では、多くの組織が70：20：10％の学習ミックスルールに取り組んでいることを述べました。70％が職務上で、20％はコーチングや協働で、そして10％は公式にセッティングされた学習という構成比を表しています。あなたの組織にとって、この学習ミックスルールがどのような意味をもつのかを説明してみてください。そして、コンピテンシーが学習経験を組織化する青写真または基本として、どのように使用される可能性があるかを説明しなさい。

第3章

コンピテンシー・アセスメントと学習とトレーニングニーズの決定の基本

この章の内容
この章では、以下について学びます。

▶ コンピテンシー・アセスメントをどのように実施していくか
▶ パフォーマンスギャップと能力開発ギャップを縮小し、また個人の強みを増強させる、個人能力開発計画（IDPs：Individual Development Plans）の作成において、コンピテンシー・アセスメントの結果をどのように役立たせるか

コンピテンシー・アセスメントとニーズの優先順位の決定

　学習とパフォーマンスに関するプロフェッショナル（パフォーマンスだけのプロフェッショナルではありません）は、計測可能なコンピテンシーモデルを用いて、コンピテンシー・アセスメントを行うべきです。計測可能なコンピテンシーモデルは、職位や職務のコンピテンシーを設定したもので、こうしたコンピテンシーには通常、行動指標や行動アンカー、あるいは、仕事のアウトプットと品質要求を含んでいます（これらの用語の説明は1章を参照してください）。多くの場合、学習とパフォーマンスに関するプロフェッショナルは、コンサルタントもしくはHRプロフェッショナルから、コンピテンシーモデルを提供されます。あるいは、企業本部から提供されることも

あります。学習とパフォーマンスに関するプロフェッショナルのタスクは、個々の従業員のアセスメントにおいて設定されたコンピテンシーモデルを使うことであり、また、設定されたコンピテンシーモデルとアセスメントの結果とを比較していくことです。このプロセスによって、従業員のパフォーマンスギャップと強みを確定することができます。（もしコンピテンシーモデルを構築していくことも課題として抱えている場合は、付録Bを参照してください）

アセスメントの一般的な種類

トレーニング・プロフェッショナルとして利用するであろう6タイプのアセスメントの取り組み方法を以下に取り上げました。それぞれに特有の強みと弱みを説明しています。

セルフ・アセスメント

セルフ・アセスメント（自己査定）は、行動指標や行動アンカー、あるいは、仕事のアウトプットに関する情報を含んだコンピテンシーリストに沿って、個々人の自分自身に対する評価を可能にしたものです。もしあなたの組織が、職務に特化した完成されたコンピテンシーモデルを保有しているなら、個人は自分のキャリアの興味に関連する最も適切な1つ、もしくはいくつかのアセスメントを大きなアセスメント・ライブラリーの中から選択することができます。セルフ・アセスメントは、内省のための手段であり、各個人の強みや弱みの領域について知る手掛かりを与えてくれるという点で有効です。このアセスメントのアプローチの長所は、短時間で実施できることと、多くのデータを集めて複雑な計算をする必要がないことです。欠点は、アセスメントの結果が、必ずしも正確なものばかりではないということです。なぜなら、そのデータは1人の観点のみを反映しているためです。例として、例示3－1を参照してください。

第3章 コンピテンシー・アセスメントと学習とトレーニングニーズの決定の基本

例示3-1　コンピテンシーのためのセルフ・アセスメントのサンプル

【実施方法】各コンピテンシーとそれぞれにひもづけられた行動指標に沿って、コンピテンシーに関連した行動を実際にどの程度実行できると思うか、自己評価してください。アセスメントを終了したら、指示に従ってあなたの組織の担当者に転送してください。

コンピテンシーに関連づけられた次の行動について、あなたはどのくらい実行できると考えているかを評価してください。

コンピテンシー / 行動	評価				
コンピテンシー： 文章記述力	0 当てはまらない （該当なし）	1 あまり 良くない	2 良くない	3 良い	4 すばらしい
1. 文書資料を効果的に管理する					
2. 効果的な文法を使用する					
3. 正しいスペルで記述する					
4. 対象とする人のレベルに合わせた、適切な言葉を使う					

マネージャー・アセスメント

　マネージャー・アセスメントはマネージャーによる直属の部下に対する評価です。アセスメントに含まれるコンピテンシーは、関連する（現在の職務や興味のある将来の職務のための）コンピテンシーモデルからつくられています。一度マネージャーがこのアセスメントを行ってしまえば、その結果は、ターゲットを絞って個人能力開発計画を作成することと、現在もしくは将来の職務の配置を選んでいくことに役立てることができます。マネージャー・アセスメント・アプローチの長所は、セルフ・アセスメントと同様に、短時間で実施できる（通常30分以内には完了できる）ことです。加えて、テクノロジーを活用すれば管理運用上の努力をほとんどせずに（もしくはまったくしないで）対応できます。欠点は、これもセルフ・アセスメントと同様に、その結果は数ある可能性のある視点の中の1つでしかないことです。アセスメントの対象となるコンピテンシーの種類次第では、大きな制約も出てきます。

39

たとえば、必要とされるコンピテンシーがチームワークである場合、チームメイトである同僚から聞き出したものなら、その情報は役に立たないかもしれません（例示 3 − 2 を参照してください）。

例示3−2　コンピテンシーのマネージャー・アセスメントのフォーマットサンプル

【実施方法】下記のように各コンピテンシーと各行動指標が関連しています。当該の従業員がコンピテンシーに関連づけられた行動をどの程度実行できると思うかを評価してください。アセスメントを終了したら、指示に従いあなたの組織の担当者に転送してください。

コンピテンシーに関連づけられた次の行動を、その従業員がどの程度実行できると感じるか、評価してください。

コンピテンシー / 行動	評価				
コンピテンシー： 文章記述力	0 当てはまらない （該当なし）	1 あまり 良くない	2 良くない	3 良い	4 すばらしい
1. 文書資料を効果的に管理する					
2. 効果的な文法を使用する					
3. 正しいスペルで記述する					
4. 対象とする人のレベルに合わせた、適切な言葉を使う					

360 度アセスメント

　マルチレーター（multi-rater：多面的評価法）またはフルサークル・アセスメント（full-circle assessment）と呼ばれることもある 360 度アセスメントは、個人を完全に取り囲んでデータを集めます。このアセスメント方法は、汎用的なコンピテンシー（たとえば、リーダーシップ）でも、職務に固有なコンピテンシーでも、どちらのモデルをベースとしても構いません。360 度アセスメントは、セルフ・アセスメントと比較して異なる視点をもっていることが魅力であるため、コンピテンシーの測定方法の1つとして広く使われ、好意的に受け入れられています。360 度アセスメントは、運用管理する側に

とっては実施が簡便ではないものの、たとえば、スキルテスト、アセスメント・センター、認定といったコンピテンシーを測定する他の取り組みよりは、簡単に開発することができます。品質要求を伴った行動指標や仕事のアウトプットによって測定されるコンピテンシーを活用して、個人は自分自身について評価することも求められます。同時に、たとえば、直属の監督者、同僚、部下、内部のみなし顧客、外部顧客およびサプライヤーなどといった他の人たちにも、当該者のコンピテンシーを評価するように求められます。次に、評価者グループの平均値を算出します。あるケースでは、360度アセスメントの報告書に評価者の評点（スコア）をそのまま表示します、またあるケースでは、自己評価と比較するために、全評価者の評点を1つにまとめます。

　360度アセスメントの重要な仮定は、個人の自己評価を他の人の評価の平均と比較することで、より高い客観性を得ることができるということです。マックス・デプリー（Max DePree）の『リーダーシップ・イズ・アン・アート（Leadership Is an Art）』（2004年）（邦題『響き合うリーダーシップ』）によると、すべての人は実は3人の内なる自分で構成されています。それは、（1）あなたが思い描いているあなた自身、（2）他の人が思い描いているあなた、（3）現実のあなた自身、です。自己評価と他者評価を比較することにより、他者評価によって「他の人が思い描いている自分」という神秘的な発見ができ、自己評価によって「自分が思い描いている自分自身」との比較ができます。これは、核心を突く結果につながり、もしかするとパフォーマンスギャップや能力開発ギャップを縮小する動機づけになるかもしれません。そのことはまた、自分自身や他の人々にとって効果をもたらすことのできる自己の強みも気づかせてくれるかもしれません。

　360度アセスメントのさらに優れた点は、盲点を明らかにできること（典型的な例としては、ある監督者は直属の部下が自分のマネジメントスタイルを高く評価していると誤って信じている）、もしくは改善する領域を気づかせてくれることです。また、360度アセスメントは1つのリソースから得られる以上の情報が提供され、異なった現実に出会い、知ることができます（たとえば、ある人は同僚とはよくコミュニケーションするものの、マネージャーとはコミュニケーションを取っていないかもれません）。考えられる360度アセスメントの欠点の1つは、さまざまな評価者の間違いの影響を被ってし

まうことです（たとえば「ハロー効果」と「ホルン効果」などのように、良い行為でも悪い行為でも、それらは評価者に過度な影響を与えます）。別の欠点として考えられることは、すべての評価者がコンピテンシーに結びついた振る舞いについて、人々を同等に評価できるわけではではないということです。なぜなら、何人かの評価者（たとえば、顧客など）は、めったに従業員と接しない場合も頻繁に従業員と接する場合もあり、個人の振る舞いを全範囲で観察していないかもしれないからです。

180度アセスメント

180度アセスメントは、個人を取り囲む半円の範囲からデータを集めます。品質要求を伴った行動指標や行動アンカー、もしくは、仕事のアウトプットによって測定されるコンピテンシーを活用して、個々人は自己評価するように求められます。同時に、他の人々（典型的には、直属の監督者と何人かの部下のみ）もまた、その人のコンピテンシーを評価するように求められます。

360度アセスメントより180度アセスメントを好む組織もいくつかあります。その理由は、360度アセスメントと比較すると、時間も管理運営の手間も、それほど必要としないからです。欠点は、重要な視点が省かれる可能性があることです。

アセスメント・センター

アセスメント・センターは、仕事をシミュレーション（疑似体験）する環境を提供します。最初は職務分析です。個々のパフォーマーが何を行い、その結果として何を成し遂げたかを特定します。次に、評価者が選ばれ、他の人を評価するための訓練を受けます（時折、評価者は職務を実行します）。評価者は、従業員がそのシミュレーションを実行するのを観察し、次に、事前に特定している要求事項と対応させながら、観察した行動や仕事のアウトプットを評価します。アセスメント・センターはチームワークとリーダーシップ・スキルを測定するために、頻繁に使用されています。企業幹部の選抜や幹部育成のニーズをアセスメントするとき、多くの場合、アセスメント・センターは役に立ちます。

きちっと丁寧に設計されたアセスメント・センターの1つの利点は、素早

くかつ現実性をもって、1つもしくは複数の重要な領域における仕事環境のシミュレーションができることです。しかも、普段の仕事環境において誤って実行されてしまうというリスクがない状態で、その業務を実行することが可能なのです。異なる従業員を比較するとき、アセスメント・センターは高い妥当性を提供し、かつ一貫した評価を繰り返し行うことができます。しかし、アセスメント・センターは開発するコストが高く、観察者の活用には時間とコストをかなり消費するでしょう。

認定制度

組織はますます監督者やSME（領域専門家）に対して、従業員のコンピテンシーを証明（もしくは認定）するように求めてきています。コンピテンシー認定以外の認定については、組織外の評価者によって行われていますが、どちらにしても、監督者やSMEが証明するのにふさわしい道具立てを提供しなければなりません。

そのプロセスの第一ステップは、期待する学習成果を定義することです。学習成果の例としては、ある専門用語を理解すること、安全性に関する要求事項を把握すること、プロセスで活用される異なる構成要素を特定すること、もしくは告げられた要求事項を理解することなどです。学習者をアセスメントする準備が整ったら、観察者は事前に用意した評価シートを使って、パフォーマンスを観察し、評価します。観察者は、一連の重要な質問をすることが要求されますが、他の成果を選択的に認定していく余裕をもっておいても構いません。もし従業員がうまく達成できたのであれば、肯定的なフィードバックと観察者からの認定をもらうことができます。もし従業員が達成できなかったのであれば、肯定的でかつ改善を促すためのフィードバックをもらうことができ、フォローアップ行動が指示されます。この認定制度の取り組みは、妥当で信頼性のある評価を提供できます。このような

考えるヒント

コンピテンシーモデルは、「どうあるべきか」を言い表しているものであり、コンピテンシー・アセスメントは個人に対して「どうなっているか」を確認することであるということを思い出してください。コンピテンシー・アセスメントとしての他のアプローチを思いつきますか？　もしそうであれば、どんな利点と欠点が考えられますか？

認定制度は簡単に組織の特性に合わせることができるので、一般的に、従業員はそれを公平かつ建設的であると捉えるでしょう。しかし、360度アセスメントもしくは180度アセスメント以上に事前作業が必要となります。多くの従業員に対して同じコンピテンシーを行動で示すよう求めることができれば、認定制度アプローチは一層実際に役立つものになるでしょう。

補足説明

肯定的学習風土の醸成

　コンピテンシーの開発と展開を成功させるためには、肯定的な組織風土が重要です。たとえば、もし従業員が職務を失う恐れを抱いているとすると、必要とされる能力開発に取り組もうとは思わないだろうし、また、能力不足についても認めようとしなくなるでしょう。また、マネージャーは彼らの能力不足を認めると、部下たちのパフォーマンスの不足は、マネージャーの能力が不足しているからだとみられる可能性があるため、さらに能力開発を求めていくことをためらうかもしれません。もし、あなたの組織内にこうした力学が存在すると考えられるならば、風土アセスメントを実施するのが望ましいかもしれません（ロスウェル＜Rothwell＞、2002年）。この目的のために使うことができるアセスメントツールを例示3－3に記述しています。そこではマネージャーと従業員とではツールを分けて管理してください。また、結果を両グループに提示し戻してください。その際に、いくつかの基本的な質問として下記を含めてください。

1. 組織内の各グループによる当該組織の評定得点について、なぜその値となったのか？
2. 組織で学習風土を向上するためにできることは何か？
3. 各従業員とマネージャーは、自分自身の、そしてその他の人の能力開発に対して、どのような役割と説明責任をもつのか？

　組織の肯定的学習風土の向上に取り組む出発点として、あなたは、これらの質問を活用することができます。

アセスメント情報の活用

　個人が受けたアセスメントの方法がどの方法であったとしても、コンピテンシー・アセスメントはフォローアップ（典型的には、能力開発計画など）につなげるべきです。アセスメント報告書には、コンピテンシーの得点を示

すべきですし、また、個人が開発すべきコンピテンシーや、個人が自分の力を生かす強みと結びつけられた特定の行動指標のリストが、願わくば含まれていてほしいものです。重要なことは、そのリストに優先順位づけがされていることです。なぜなら、個人は一度に２つか３つ以上のコンピテンシーを開発しながら仕事をするという時間はまずありません。より重要なコンピテンシーに対して異なる重みづけがされていて、かつ職務の要求に応じて望まれるコンピテンシーのパフォーマンスレベルがそれぞれ異なっていれば、工夫が施されたコンピテンシーモデルといえます。そのような洗練されたコンピテンシーは、アセスメント報告書とともに開発すべきニーズを優先順位づけしたリストを導くことができます。いったん能力開発の優先順位が同意されたならば、個人と彼らの監督者は適切な個人の能力開発計画を一緒に作成できるようになります。

コンピテンシー・アセスメントと個人能力開発計画

個人能力開発計画（IDP）の作成は、コンピテンシー・アセスメントの項目に関係してきます。コンピテンシーの特定はコンピテンシーモデルを生成します。コンピテンシー・アセスメントはコンピテンシーモデルに沿って個人を把握します。また、個人の能力開発ニーズや個人を生かす強みといった行動およびアウトプットのリストを生成します。個人能力開発計画は、パフォーマンスギャップや能力開発ギャップを小さくし、個人の強みを生かすためのアクションプランを生成します。

ほとんどの個人の開発計画は、少なくとも次の要素を含みます。

▶ 個人能力開発計画を作成した人の名前
▶ 個人能力開発計画を作成した人の連絡先（電話、ｅメール、FAX）
▶ 監督者の名前
▶ 対象期間
▶ 取り組むコンピテンシー領域および行動指標のリスト（コンピテンシー・アセスメントに基づく）
▶ 取り組むコンピテンシー領域および行動指標に基づく学習目標のリスト

45

▶ 取り組む活動と学習目標に合わせて使用される開発リソース（たとえば、eラーニング、書籍、活動など）
▶ 完了までのスケジュール
▶ 個人のコンピテンシー構築の取り組み（開発の成果）についての測定方法とそのアセスメント方法
▶ 個人能力開発計画を完成するための予算見積もり（オプション）

どのように個人能力開発計画を作成するか

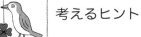

考えるヒント

たとえ、ある2人が同じコンピテンシーを開発しようとしても（たとえば、プレゼンテーションスキルなど）、個人能力開発計画は2人とも同じであるということにはなりません。2人に異なるプレゼンテーションスキル開発をすることは、どのような要因によってもたらされるのでしょうか？　個人の能力開発計画は、個人のパフォーマンスと能力開発ギャップを縮め、個人の強みを増大するためのアクションプランです。

　アセスメントの対象者は、時折、個人能力開発計画の最初のドラフトをつくるように依頼されます。このプロセスの一部として、各個人は、オンライン相談や開発リソースに関するガイド（次章で説明する）を印刷するよう依頼されるかもしれません。それは、アセスメントによって指摘されたコンピテンシーについて、最も構築可能なアプローチを特定するためです。個人能力開発計画のドラフトが完成した後、各個人は彼らの直属の監督者と計画について話し合います。パフォーマンスギャップや能力開発ギャップを小さくしたり、なくすために、同じアプローチが活用されることもあるでしょう。

　もし強みをベースとしたアプローチを活用するのであれば、個人は自分自身の強みをアセスメントすることを依頼されるかもしれません。おそらくそのときは、セルフ・アセスメント・ツールを活用することになるでしょう。そして、そのとき彼らの直属の監督者と、彼らやその他の人々にとって有益な強みを生かす方法を話し合います。

　個人能力開発計画は、時折パフォーマンスマネジメントの帳票の一部として含まれます。しかし、個人能力開発計画もまた、パフォーマンスのレビュープロセスと分離して管理されるかもしれません。その場合は独立して管理することになります。これに携わっていくマネージャーたちは、1回のミーティングで個人の現在の職務パフォーマンスを測定し、個人の能力開発ニーズ

を特定できるように、その2つの帳票（個人能力開発計画とパフォーマンスマネジメントの帳票）を組み合わせてしまうことを好む傾向があります。しかし、このアプローチは混乱を招くことが欠点として挙げられます。すべての能力開発はパフォーマンス不足の是正を意図するのでしょうか？　本書ではこのような場合については述べませんが、パフォーマンスレビューと個人能力開発計画の作成プロセスを組み合わせることは、マネージャーと従業員に混乱を招くことがあるかもしれません。

　コンピテンシーを基盤として活用し、能力開発の要求を個別化する方法として、学習とパフォーマンスに関するプロフェッショナルは、個人能力開発計画を使用します。そして、学習プロフェッショナルは個人の開発計画を「受け取る」ことによって、多くの従業員に共通するニーズを見つけることができます。その結果、その組織の戦略の方向性を踏まえたグループの学習ニーズを正確に示すことが簡単になります。また、学習プロフェッショナルは、その個人に特有の能力開発ニーズを見定めることもできるのです。

実践に向けて

この章ではコンピテンシーをアセスメントすることと、学習ニーズを特定するためにアセスメントを活用することに着目しました。学習内容の理解を深めるために、以下の質問に答えてください。

1. コンピテンシーをアセスメントすることと、学習ニーズを特定することにおけるマネージャーの適切な役割について、どう考えるか記述しなさい。マネージャーが役割をうまくこなせるようにするには、どのような準備が必要でしょうか。
2. 組織のリーダーは、どのようにして学習ニーズを満たすように優先順位を設定していくべきでしょうか。

例示3－3　学習風土のアセスメントツールのサンプル

【実施方法】組織の学習風土をアセスメントするために、このツールを活用してください。
　　　　　左の列の各項目に対し、以下のスケールを使用して、右の列に各項目の評価を記述して
　　　　　ください。

　　　1 = まったく同意しない　　2 = 同意しない　　　3 = 同意する　　　4 = 強く同意する

終わったら、合計点数を下に記入してください。

あなたは、この組織で部下を管理する立場ですか？　はい（　）　いいえ（　）

学習風土の特徴 この組織で、従業員は…	風土の評点			
1. 彼らが直面する実際の問題を解決するための知識とスキルを獲得するよう奨励されている。	1	2	3	4
2. 彼らが直面する問題を解決するために、コンピテンシーを構築するのに必要な時間が与えられている。	1	2	3	4
3. 彼らが直面する問題を解決するために、コンピテンシーを構築するのに必要なリソース（資金や機会）が与えられている。	1	2	3	4
4. 問題を解決するために、直属の監督者が従業員を指導する時間をつくることの必要性を真剣に受け止めている。	1	2	3	4
5. 将来の業務に関する課題にマッチした知識とスキルを身につけるように、直属の監督者が従業員を指導する時間をつくることを真剣に受け止めている。	1	2	3	4
6. 学んだことと直面する業務の問題との間に、明らかな関係性があることを確認している。	1	2	3	4
7. 業務から離れたトレーニングで学んだことを職務に適用するよう奨励されている。	1	2	3	4
8. 業務に関する問題解決に活用できる新しいことについて学習することを同僚に支援されていると感じている。	1	2	3	4
9. 従業員が業務に付加価値をもたらすような新しいことを学べば、従業員は報酬を得る機会が多くなると感じている。	1	2	3	4
10. 従業員が業務に付加価値をもたらすような新しいことを学べば、従業員は将来昇進する機会が多くなると感じている。	1	2	3	4
スコア	この列の点数を加算してください。			

第4章

コンピテンシーを活用した
トレーニング設計

この章の内容
この章では、以下について学びます。
▶ 伝統的なトレーニング方法論（ISD モデル）をコンピテンシーベース・トレーニングに適用させる方法
▶ 学習や人材開発に関連するその他の機能に対するコンピテンシーの組織的な利用について

ISD モデル（教授システム設計モデル）

　伝統的な ISD（Instructional System Design）モデルは、これまでたくさんの観点から取り上げられていますが、下記に 10 のステップとして解説しているように、基本となる注目すべき共通要素が見られます。

ステップ 1：パフォーマンス上の問題がトレーニングによってどのくらい解決するのか、また、マネジメント側が代替して行う活動として解決すべきことは、どのくらいあるのかを決定します。
　　　　　▶ トレーニングは、当該の問題が個人の知識、スキル、態度の欠落によって生じている場合に限って実施されるべきです。もし、問題の起因の全部または一部分が、他のものである場合は、マ

ネジメント側での活動が必要になるでしょう。マネジメントとは、従業員が職務をする環境を管理することです。マネジメント活動には、選抜方法の変更、職務記述書や業務要求の変更、パフォーマンス評価基準の変更、従業員に与えられるツールや設備の変更、報酬や給与体系の変更などが含まれます。

ステップ2：測定可能となる業務要求を決定し、従業員がどれくらい要求を満たしているか査定します。

▶ ステップ2～5は、「トレーニングニーズ分析」に着目したものです。もし、トレーニングによって問題が解決できる場合、誰がトレーニングを受講する対象者なのか、彼らは仕事で何をすることを求められているか、仕事環境として彼らが置かれているのはどんな条件下なのかを踏まえて、目標を定めていくことが重要です。もしトレーニングニーズ分析が誤って行われたり、あるいは完全にスキップされてしまうと、トレーニングが真の問題にフォーカスされない可能性が高くなるでしょう。

ステップ3：従業員がトレーニングから学んだことを適用しようとする条件を調査します。

ステップ4：トレーニングに参加する従業員の背景事情に精通し、彼らが何をすでに知っているのかについて把握します。

ステップ5：トレーニングで取り上げようとする知識、スキル、態度における具体的なギャップをはっきりさせます。

ステップ6：参加者がトレーニング終了後に、知っていなければならないこと、実行しなければならないこと、心に受け止めるべきこととしての、トレーニングの望ましい結果を決定します。

▶「教授目標」は、トレーニング受講後に、学習者が何を知っていて、何ができていて、何を心に留めていなければならないか

第4章　コンピテンシーを活用したトレーニング設計

を記述したものです。「パフォーマンス目標」は、トレーニング完了後の仕事場において、学習者が何を知っていて、何ができ、何を心に留めているか記述したものです。良い目標は、明確で、測定可能で、達成可能なものです。

ステップ7：学習（教授目標）がどのように測定されるかについて決定します。
　▷ 学習者が要求された目標を達成することについて、自ら責任をもってもらうためにも、トレーニングが設計され実施される前に、テストのやり方は確立されていなければなりません。参加者は知識に関するテストを受けることになるか、あるいは、パフォーマンスを証明するように求められることになるでしょう。

ステップ8：目標を達成するのに必要な指導内容を設定します。
　▷ トレーニング素材をどこから見つけてきたらよいか決めましょう。また、既存のコンテンツを修正するか、新たにつくるか、それとも購入するかを決めます。

ステップ9：指導内容を学習者に届けるための最も有効な手段を見極めます。
　▷ トレーニングは、集合研修で行うか、オンライン学習か、OJTで行うか、あるいはそれらの利用可能なものを組み合わせるかを決めていきます。

ステップ10：学習者がトレーニングを終えて職務に就いたとき、トレーニング成果をどのように測定するかについて決定します（パフォーマンス目標）。
　▷ ドナルド・カークパトリック（Donald Kirkpatrick）の4段階評価モデルが、トレーニング成果を測るために広く使われています。4つのレベルを以下に示します。
　　1. 反応：参加者はどのくらいトレーニングに満足したか？
　　2. 学習：参加者はどのくらい学んだか？
　　3. 行動：トレーニングの直接的な結果として、職務において

51

どのくらいの行動変容が生じたか？

4. 結果：トレーニングの直接的な結果として、組織はどのくらいの定量的結果（業績）を得たか？

▶ あるいは、トレーニングの影響は、組織の年間目標またはバランススコアカードと照らし合わせて測定することもできます。たとえば、組織は財務指標、従業員の能力開発、継続的な改善またはイノベーションに関する目標を定めているはずです。こうした組織目標に対応してトレーニング効果を測定することは、トレーニングが組織のニーズに着目しているものであり、戦略的な影響をもっていることを確実なものにします。

コンピテンシーの利用に向けて ISD モデルを変更する

トレーニングや学習の実施機会を展開していく際にコンピテンシーセットを利用すれば、おなじみの ISD モデルに対して多くの変更を加える必要はありません。以下に示す伝統的 ISD の変更と追加事項は、ステップに沿って対応することができます。ステップ 1 ～ 4 は、伝統的 ISD と同じです。コンピテンシーの関わりから変更が必要となるのはステップ 5 からです。このプロセスでは、2 つのステップが追加されていることに注意してください。

ステップ 5：組織で最も利益を生み出すパフォーマーたち（ハイパフォーマー）が誰であるか、そして、彼らに共通する特徴は何か決定します。

▶ 組織のリーダーが、ハイパフォーマーを見分ける必要があります。この際、マネージャーのお気に入りの部下をハイパフォーマーとして特定しないことを肝に銘じることが重要です。「客観的に測定される」計測可能なパフォーマンスが、ハイパフォーマーを特定するための土台となります。もし、測定可能な生産性基準が使えないならば、最初にそれらを設定し、最高業績を上げる人を見つけるか、あるいは現在の職務パフォーマーたちに、誰がパフォーマーとして頂点に立っていると思うか、そし

て、なぜ彼らがこれらの人々のパフォーマンスが良いと思っているかの聴き取り調査をする必要があります。もしパフォーマンスのための客観的指標が不十分なら、コンピテンシーの専門家からは、直属の監督者よりもその職種の現職者のほうが、誰がハイパフォーマーかをよく見極めることができると提案されることになります。

ステップ６：ハイパフォーマーと平均的パフォーマーの違いを区別するのはどのような個人的な特徴であるか決定するために、両者を比較してください。「模範的パフォーマー」と呼ばれる頂点となるパフォーマーと、まずまずの成績を上げているパフォーマーとの違いは何によって生み出されるのでしょうか？　これらの違いは、個人の強みにさかのぼる場合がある一方で、仕事をこなす最も良い方法（いわゆる要領）に関する知識を知っていることで生じることもあります。彼らは何によって他者よりも良い結果を得ることができるのかを見つけ出すために、優れたパフォーマーたちの研究をしてください。たとえば、強みとして数学の独特の才能をもった人が、数学を必要とする仕事で良い結果を上げるのと同じように、人と関わる仕事において、果たして優れたパフォーマンスを上げられるかどうか？　一方、生産的な優れたパフォーマンスを発揮するために、独特な方法を獲得している人もいます。たとえば、販売員のトップパフォーマーは、面会者をふるいにかける人を避ける方法を知っていて、契約サインができる意思決定者と直接連絡を取っていくといった、まさに優れたパフォーマンスをきちっと行うことができます。まずまずの成績のパフォーマーは、そういった方法を学ばなかったかもしれません。

ステップ７：コンピテンシーがどのように測定されるのかについて決定してください。行動指標を使われなければならないのか、スキルテストや認定プログラムを用いるのか、それとも、品質要求に沿

って仕事のアウトプットを測定するかを決めます。あなたは、この決定のためにスポンサーをうまく巻き込まなければなりません。

ステップ8：参加者が、トレーニング終了後に示すことができなければならないコンピテンシーを特定してください。
▶ 目標は、コンピテンシーベースで用いる用語で表記されなければなりません。具体的には、知識とパフォーマンスの目標には、トレーニングがどんなコンピテンシーを構築することを目的とするか、そして、それらのコンピテンシーがどのように測定されるのが望ましいかを記します。

ステップ9：トレーニング結果をどのように測定するかについて決定してください。

ステップ10：重要なコンピテンシーを構築するために必要な指導内容を取りそろえてください。

ステップ11：指導内容を学習者に届けるために、最も有効な手段を決定してください。

ステップ12：トレーニング終了後、そして、職務へ適用されるとき、トレーニング結果を判断する方法を計画してください。

考えるヒント

この章では、組織により有益な成果をもたらすという点で、模範的パフォーマーと、まずまずの業績を上げるパフォーマーとの違いについて説明しました。前述のように、お手本となるパフォーマーがより良い成果をもたらす1つの理由は、個々人の才能に関係しています。両者の違いとなる他の理由は、実務経験や学習に基づく「経験から学ぶ」ことにあります。そこであなたが考える「経験から学ぶ」ことの意味をはっきりさせてみてください。ヒントとして、どのようにしたら、融通の利かない形式主義に陥らないように「回避策（work-arounds）」を見出していけるのかついて考えてみてはいかがでしょう。

第4章　コンピテンシーを活用したトレーニング設計

コンピテンシーを使って従業員の能力開発を行う

　コンピテンシーを使うことは、トレーニングに限らず学びの方法論の領域を広めることになります。以下に他の学習方法を列挙します。

- ▶ 論文や書籍を読む
- ▶ ベストプラクティスや他の関連した知識に関する内部のデータベースから入手する
- ▶ 外部のウェブサイトを利用する
- ▶ DVDを観たり、オーディオ・ファイルを聞いたりする
- ▶ 社内もしくは社外からのコーチングを受ける
- ▶ 組織で業務経験を積む
- ▶ ハイパフォーマーを観察して、まねてみる
- ▶ 社内や社外の優れた研究拠点を訪問したり、ある一定期間をそこで過ごしたりする

コンピテンシー開発と個人能力開発計画

　コンピテンシーを使うことによって、個人能力開発計画（IDPs：Individual Development Plans）で用いることのできる選択肢の領域が広がります。たとえば、能力開発リソースガイド（DRGs：Development Resource Guides）は、組織のコンピテンシーモデルに基づいてつくられます。能力開発リソースガイドは、すべての従業員とマネージャーが利用できるもので、組織のコンピテンシーを高めるために適切なトレーニングリソースを提示してくれる包括的なガイドです。より完璧な能力開発リソースガイドになると、学習者の個人的な好みにも対応するために、コンピテンシーごとにいろいろなリソースメディア（たとえば、書籍、eラーニング、OJTなど）をリストアップしています。学習スタート時の従業員のレベルの違いに対応するために、リソースは基礎的なものから応用的なものまで、必要とされる分布にまたがっていなければなりません。

　能力開発リソースガイドには、通常、市販のコンテンツを含んでいます。

55

たとえば、論文、書籍、DVD、オーディオテープ、ウェブサイト、会議、外部の公開セミナーや外部のオンラインコース、さらに大学が提供するコースをも含みます。能力開発リソースガイドは、その組織特有のものとして必要となる会社が個別にもっている各種リソースと連携することもあります。これらのリソースとは、社内で開発され実施されている集合研修や個々のコーチ、コンピテンシーをきちんと発揮できる機会、仕事の配分の提案、社内のウェブサイトや資源、それと、パフォーマンス支援情報システム（EPSS：Electronic Performance Support System）も含まれます。EPSS は、OJT で利用できるもので、状況に沿ったコーチングのヒントとなる情報や、個人が効果的にパフォーマンスをするための助けとなるツールです。ある組織は、市販で提供されているデータベース（たとえば、トレーニングを提供するデータベース）へのアクセス権を購入するか、自社用の能力開発リソースガイドのコンテンツを開発するためにコンサルタントを迎え入れるかの選択をするかもしれません。

コンピテンシーの他の活用法

　コンピテンシーは、人材に関わるしくみ（HR システム）のすべての要素を結びつけることを可能とする共通項です。組織のリーダーたちは、人材の採用や選択の判断基準、トレーニングの方法、人材開発の方法、パフォーマンスの管理や評価の方法、後継者選抜の判断基準、昇進の方法、報酬の方法、組織からの出向の方法に関してでさえ、コンピテンシーを活用することができます。仕事における行動や仕事のアウトプットについて測定可能な状況においては、コンピテンシーはタレントマネジメントの計画、構築および獲得の基礎となります。本書では、HR の他の要素（デュボワ＆ロスウェル＜Dubois & Rothwell ＞、2004 年）については触れていませんが、コンピテンシーが単なるコンピテンシーベース・トレーニングを越えて、HR 機能を変える基礎となり得るということに重点を置いています。

56

第4章　コンピテンシーを活用したトレーニング設計

実践に向けて

第4章では、あなたは、コンピテンシーベース・トレーニングをどのように定めていくか、コンピテンシーベース・トレーニングを従来のISDモデルに適用するためにどんな拡張が必要か、従業員を育成する際にどのようにコンピテンシーが使われるのか、そして、コンピテンシーベース・トレーニングが人材に関わるしくみの他の重要な構成要素に、どのように関連するのかについて学びました。

「何かを学ぶ最高の方法は教えることである」という一般的に信じられている考え方から離れ、この章で述べてきた話題を説明する短いプレゼンテーションを用意し、そのプレゼンテーションをあなたの組織における学習とパフォーマンスに関するプロフェッショナルや実務のマネージャーとともに共有してください。

▶ あなたは、自組織においてISDモデルをコンピテンシーベース・トレーニングにどのように適用していきますか？

▶ コンピテンシーに関連づけられたリソースによる能力開発リソースガイドを作成するとしたら、あなたの組織ではどのコンピテンシーの重要度が高いとされるでしょうか？　そして、伝統的なトレーニング、協働やネットワーキング、そしてOJTでの学習を含めて、どんなリソースを混合して育成するのが理想的でしょうか？

第5章

コンピテンシーベース学習を
サポートするためのテクノロジー活用

この章の内容
この章では、以下について学びます。

▶ コンピテンシーベース・トレーニングでテクノロジーを用いることの利点と課題

▶ ジャストインタイムとして、必要に応じて個人がアクセスする学習資源の開発におけるコンピテンシーベース・トレーナーの役割

　ATDをはじめとしたいくつかの研究によると、学習におけるテクノロジーの役割は急激に増加していることが確認されています。学習の70：20：10アプローチを取り入れている組織においては、テクノロジーの役割は特に大きく、そのため、その従業員は自分自身の学びに対して、学習者としてより大きな責任を担うことになります。

　コンピテンシーベース学習の文脈において、テクノロジーは学習プロセスを向上させる道具であり、プラットフォームとして定義することができます。テクノロジーは、コンピテンシーの内容明示やモデリング、そしてアセスメントにおいて、優れたソリューションを提供します。その上、コンピテンシーベース学習の効率的な作成と配信のためのプラットフォームも利用できます。ビジネスや環境のこれまでにない変化の増大に伴って起きている、トレーニングスタッフを含む支援スタッフの削減傾向とともに、個人や組織の学習へのニーズの高まりによって、より少ないリソースでより多くの対応をすること

が求められています。テクノロジーはこのギャップを埋めるのに役立ちます。

しかしながら、テクノロジーの導入にはリスクや課題も存在します。主な障害は以下の通りです。

- ▶ 組織内部におけるテクノロジーについての専門知識の不足
- ▶ テクノロジーを使ったソリューションに対して理解を示す学習者が少な過ぎる
- ▶ テクノロジーを取り入れ、実装するまでの初期導入コストを十分に賄える資金がない
- ▶ テクノロジーによるソリューションの導入がうまくいく前に、トレーニングやマネジメント変革（チェンジマネジメント）が必要となる
- ▶ 従来のローテクによる学習手法のほうが適している環境
- ▶ テクノロジーが、資格をもち効果的なトレーニングと開発を担当するスタッフの代替になってしまうか、組織内の出来の悪い学習プロセスの代替になる

基本原則3

テクノロジーを利用することは、コンピテンシーベース・トレーナーの成果を高めます。しかし、さらにあなたの組織が必要としている質の高い学習を自動的に提供するようなラーニングテクノロジーをすぐに購入できることを当然のことだと思わないようにしなければなりません。また、それらが組織のニーズに合った高品質の学習を提供できるなどとも考えないようにしないといけないのです。テクノロジーは空のコップのようなもので、あなたの組織は価値あるものになり得るコンテンツを供給しなければなりません。そして、そのコンテンツをメンテナンスし、強化し、アップデートする必要もあるでしょう。テクノロジーを利用することには、多くの努力と体制が必要となるのです。

テクノロジーには課題がつきものですが、新しいラーニングテクノロジーは極めて重要な要素であり、それを使わずしてコンピテンシーベース・トレーニングを思い浮かべることは、今現在では、もはや難しくなってきています。この章では、リスクを最小にしながらテクノロジーの恩恵を最大にしていくためのアドバイスを示していきます。

テクノロジーによってコンピテンシーベース学習を補強する方法

　テクノロジーは、制作、出版、配信、そしてメンテナンスを含む学習プロセスのすべての局面において、実質的に効果を高める余地をもたらしてくれます。しかし、その中でも、テクノロジーのインパクトは、いかに学習を引き起こすかということに最もはっきりとした効果として現れるでしょう。いくつか例を挙げると、テクノロジーは、ソーシャルネットワークや実践共同体（CoP）、オンデマンド学習、モバイルラーニングのような学習機会として、日常に溶け込んだ基盤となって、多くの成果をもたらすでしょう。

▶ テクノロジーベース・ラーニングによって、トレーニング効果を高めるために従来型トレーニングとの組み合わせ（ブレンド）ができます。そして、仕事環境に対応する新しいコンピテンシーの転移を向上させることができます。

▶ 前述したように、コンピテンシーベース学習は個人に焦点を当てており、それを学んだ個人が職務においてより多く貢献することを見据えています。テクノロジーによって、費用効率が高い、個人に合わせた多様な学習機会を可能にしていきます。

▶ テクノロジーは、毎年恒例に行われる数日、または数週間の公式トレーニングによる限定された学習ではなく、むしろ、ほとんど日常的に学び、成長する機会を従業員にも提供します。継続的に学ぶことによって、明らかに成長がより促進されます。

▶ テクノロジーによって、従業員と彼らの監督者は、学習に関して、より大きな責任をもつようになります。個人に合った、カスタマイズによる開発は、学習や学習のROI（Return

補足説明

　テクノロジー主導の学習環境において、学習プロフェッショナルは「トレーナー」から「学習の仲介者」へと変わります。彼らは、個人的にトレーニングを提供し続けますが、それはメインの役割ではありません。トレーナーは、役に立つ多様な学習資源へ学習者が素早くアクセスできるようにデザインした学習環境をつくり上げることに対して、彼らのスキルを活用していくようになります。

on Investment：費用対効果）を増やし、また、監督者と従業員の学習
に対するコミットメントを高めます。

どのようにラーニングテクノロジーを活用できるか

　社内で行う作業と外部にアウトソースされるものがあるように、ラーニン
グテクノロジーにも多様な使い方があります。そして、組織の学習ニーズに
基づいた対応ができるといったメリットがあります。

　以下の項目のうち、どれがあなた自身やあなたの組織にとって有益となる
のかを考えてみましょう。

▶ **高品質の学習コンテンツを短期間に制作**
　以前は開発するのに数カ月は必要であったトレーニングが、今は再利用
できるコンテンツや効率的なeラーニング制作ツールを活用して、数週
間で開発することができます。

▶ **SMEのトレーニング開発を可能にする簡便なツール**
　SME は要求されているコンピテンシーに関する最も重要な情報源であ
ると考えられている中で、SME の知識をトレーニングにすぐに使える
形で記録に残せるとしたら、多くの時間を節約できます。また、利用で
きる組織固有のトレーニングの提供を迅速に広めていくことができます。

▶ **個々人がどの程度学習したかを把握するためのテスト（カークパトリッ
クの学習評価のレベル２）や評価のプロセスを容易にするツール**
　個人の能力についてより深く知ることと同じように、トレーニングの効
果についても良いデータを獲得することは有益です。新しい法的要求、
新製品、またはサービスに関する情報を 98％のスタッフが習得したこ
とを数値として知っている場合を思い浮かべてみてください。また、新
しい情報を吸収できなかった２％のスタッフに集中することができる
ようになることも思い浮かべてみてください。テストによってトレーニ

第5章　コンピテンシーベース学習をサポートするためのテクノロジー活用

ングの成果に対する個人の説明責任も増えます。個人が説明責任を果たすことになれば、よりコンピテンシーを高めることにモチベーションを示すでしょう。

▶ フォーマルあるいはインフォーマルトレーニング教材のオンデマンドでの提供

異なるいくつかのロケーションやタイムゾーンにスタッフがいる組織では、インターネットを利用して簡単に、24時間365日いつでも学習できることによって大きな恩恵を受けるでしょう。削減された旅費によるコストの節約や、同じトレーニングを何度も繰り返す必要がないことの利益を想像してみてください。

▶ ソーシャルラーニング、コーチング、協調学習

コンピテンシートレーナーは、トレーニングがより効果を上げ、同時に、学習者がよりコミットするように、これらの要素を積極的にトレーニングに取り入れています。また、トレーニングが終わった後でも長く活用できるように、業務との関係づけの支援も行っています。

▶ 知識の体系的管理

たとえば、効果的な顧客サポートを提供するようなスタッフのコンピテンシーを構築しているとしましょう。以前に報告されている問題がオンラインデータベースで活用でき、そして、過去の類似した問題が、他の模範的パフォーマーによってどのように解決されたかを見ることができる価値について想像してみてください。そのデータベースは、顧客との問題でうまく対処できなかったときの原因に対する洞察も可能にするでしょう。時間の経過とともに更新され続けるリソースとして、そうしたデータベースをすでにもっていることは、まさにコンピテンシーベース・トレーナーにとって有益であることは明らかです。

▶ 学習者自身によるトレーニングの管理を可能にする

これは、セルフ・アセスメントを行うこと、学習資源や情報を見つける

63

こと、能力開発計画を作成すること、メンターを要請し一緒に学ぶこと、同僚との協調学習などを含みます。段階的なキャリアパスや構造化された組織が今までになく少なくなり、キャリア開発が次第に個人のコンピテンシーに結びついてきていることを考えると、トレーニングスタッフがキャリア計画づくりに説明責任を負うことは、もはや実質的ではありません。個人が自分自身の能力開発に、より積極的な役割を果たすことができるようなツールやガイダンスを、コンピテンシーベース・トレーナーが提供できることが重要です。

ATD の専門領域と関連するテクノロジー

　ATD のワークプレイスラーニング＆パフォーマンスに関するコンピテンシーモデル（付録 B、例示５参照）は、学習プロフェッショナルがパフォーマンスに求める専門領域を９分野に分類し、定めています。これらは以下の通りです。

1. キャリア計画作成とタレントマネジメント
2. コーチング
3. トレーニング提供
4. 学習デザイン
5. 組織変革ファシリテーション
6. ヒューマンパフォーマンス改善
7. 学習機能マネジメント
8. 組織的なナレッジマネジメント
9. 測定と評価

　トレーニングマネージャー、組織開発の専門家、組織効果性のコンサルタント、または他のものであっても、職務名に関係なく、コンピテンシーベース・トレーニングではこれらの役割の多くを遂行することが求められています。テクノロジーはこれら専門領域（Areas of Expertise ／以降 AOE）のどこにでも応用できますが、テクノロジーを応用することを最も享受するで

64

あろう 6 つの役割について、次に取り上げていきます。

キャリア計画作成とタレントマネジメント AOE

2007 年から 2010 年の世界的な景気後退によって、企業では新人の採用を減らす傾向にありましたが、たとえば米国や英国の雇用主にとってみると、熟練した労働者が不足しているという状況は継続しています（ランスタッド・ヒューマン・キャピタルサーベイ＜ Randstad Human Capital Survey ＞、2008年 12 月）。それと同時に、最終的な収益に関するプレッシャーはより強くなり、被雇用者のパフォーマンス向上へのニーズはさらに増加しています。そうした中で、ただ数人の「スター」人材だけでなく、全従業員の貢献度を最大にするよう努めてきた組織は発展するでしょう。コンピテンシーベース・トレーナーにとって、日常的でリアルタイムを基盤としたタレントおよびコンピテンシーの開発を学習することは、特に重要です（ロスウェル、2010 年）。

考えるヒント

学習に関連したことを注目に値する、あるいは財源として価値のあるような優先事項としてしっかりと位置づけている組織であれば、私たちは投資したいと思うでしょう。ではテクノロジーを実装することは最優先事項であるべきでしょうか。優先事項を決めるために、あなたの企業にとって利益となり得る、以下の想定される事柄について、それぞれの重要性を評価してみましょう。
・トレーニングに伴う施設費や旅費を削減すること
・従業員が四世代間に分かれること、あるいは学習スタイルによって分かれることに対応して、柔軟な学習の選択肢を提供すること
・より多く（おそらく、今の 10 倍ほど）のコンピテンシーに関する学習を可能にすること
・学習への要請があった場合、依頼されてから配信されるまでの時間を短くすること。それは数日程度に縮小される
・学んだことを永久的に定着させ、記録として残し、さらに将来の新しいトレーニングの提供において、学んだことを再利用すること
・学習ニーズをより正確に特定すること
・新しい従業員に対して、より迅速にトレーニングで準備し配属をすること
・学習の影響度について、より正しく測定し、報告すること

以下の３つの主要なトレンドが、キャリアプランニングとタレントマネジメントの実践を促進しています。

1. 以前、人材に関する専門性は独立した別々の部門として扱われていました。つまり、採用はパフォーマンスマネジメントとは別に扱われていました。また、トレーニングと開発も他の領域として独立していました。そのため、それぞれ異なる人材が責任をもち、職務間の情報は限られていたのです。しかし現在、組織は職務を統合しています。組織は、（部門外を経て情報を選択するのではなく）タレントを扱う部門としてもつべき機能（採用から退職まで）に対する１つのまとまった目標を設定し、１つの意図として伝え、そこで扱うデータは段階的に論理的に流れるようにしています。
2. 組織はコンピテンシーモデルを作成しています。それらは、現在では、違う領域を一緒に結びつけるものとなっています。従業員の選抜に使われるコンピテンシーモデルはトレーニング、評価、昇給にも使われています。
3. キャリアとタレントマネジメントは、何に焦点を置くのか、そしてどのような成果を目指すのかという点において、より戦略的になってきました。キャリアとタレントマネジメントは、従業員の利益ではなく、競争優位性として認識されています（そして、重要な従業員の離職を減少させることに役立つ最も効果的な方法の１つとしても認められています）。過去において、キャリア開発は、コックか、パン職人か、あるいは他のどんな職業に就くかを決めるための標準テストを受験することを意味してきたかもしれません。今日では、キャリア開発は、従業員が企業の中で成長するために、最良の機会を見つける支援をすることをしばしば意味しています。適切なポジションに、適切なタイミングと適切なコストで人材を配置することは、組織に明らかなインパクトをもたらします。

　コンピテンシーベース・トレーナーは、これらのトレンドに注意を払い、トレーニングへの影響について考慮する必要があります。たとえば、コンピ

第5章　コンピテンシーベース学習をサポートするためのテクノロジー活用

テンシーベース・トレーナーは、すべての関係者の利益のために他の人材部門の人と親密に協力して働くことができるでしょうか。コンピテンシーモデルは合同で作成され、共有し、維持することができるでしょうか。コンピテンシーベース・トレーニングは、組織の戦略目標にどのようにリンクできるのでしょうか。例として、仮に主要なパフォーマーの維持が重要であるならば、キャリア開発プログラムは、従業員の在留率を高めるために最良のアプローチの1つとなります。多くの場合、組織の戦略推進は特定のスキルセットの有用性に依存しています。そして、ここで再度、コンピテンシーベース・トレーナーは戦略的で測定可能なインパクトを示すことができます。

　実行可能なキャリア開発プログラムの提供は、個人の能力を超えて、労働集約的になる可能性があります。そこで、大概、テクノロジーが必要とされてくるでしょう。合理的コストで、この必要性に効果的に適合するということで、統合的タレントマネジメントシステムが大抵選択されます。これらのシステムの詳細はさまざまです。例示5－1は、その1つである、イリノイ州シカゴにあるビジネスディシジョン社（Business Decisions）が開発した一体型タレントマネジメントシステムFOCUSの概要です。コンピテンシーモデルの作成が最初のモジュールです。これは、コンピテンシーモデル開発やジョブ・プロファイリング、従業員の選抜のためのターゲットやマップの形成、トレーニング、アセスメント、そして他のものも含んでいます。2つ目のモジュールは、採用候補者および従業員アセスメントで、1つまたは複数のコンピテンシーモデルに関して人々を評価することに利用します。3つ目のモジュールは、リーダーと従業員の育成において、組織的優先順位に対応する個人の能力開発計画を作成するために、個人の能力とターゲットとなるコンピテンシー間のギャップを見つけることに利用します。その次に示されているのが、キャリアプランニングのモジュールです。これによって、従業員は組織の中で自分の（現在または将来における）コンピテンシーと個々人のキャリア志向に合った職務を探すことが可能になります。

67

例示5-1　一体型タレントマネジメントシステム FOCUS

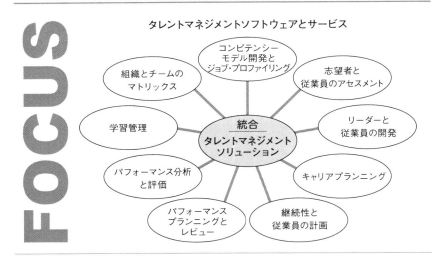

コーチング・メンタリング AOE

　コンピテンシーベース・トレーナーは、従業員が自分自身で能力開発を模索できるようになるための育成コーチとしての役割を担っていることに気がつくことが多くあるようです。あるいは、コーチングの役割に置かれている監督者への支援を要求されることがよくあります。さらに、トレーニングの一環としてメンタリングプログラムの重要性が高まってきていることから、メンターとメンティを出会わせるプログラムの設計や実施が、トレーナーの責任になっています。テクノロジーは、これらのコーチングやメンタリングのプロセスを支援するために大変役立ちます。

　コーチングに関していえば、学習管理システム（LMS：Learning Management System）やタレントマネジメントシステム（TMS：Talent Management System）も以下のサービスを提供してくれます。

▶ 現在または将来の役割に対する育成の優先順位を特定するのに役立つアセスメント。いくつかのシステムでは、異なるコンピテンシーの相対的な重要度やパフォーマンスの要求レベル、そして個々の従業員の現在

のレディネスを考慮した正しく洗練されたアルゴリズムを有するものもある。

▶ 個人の開発優先順位と学習の好みを取り込んだコンピテンシーベース開発に向けて、適切な学習の提案をする開発資源ライブラリー。

▶ 詳細な開発目標やアクションステップ、成功指標などが記載されている個人の能力開発計画。成長過程の進捗管理や評価ができる。

▶ 多くの視点からの開発ニーズや進捗状況について、フィードバックを提供する360度アセスメントツール。同僚、部下、そして内部や外部の顧客などからの評価を得ることができる。

メンタリングに関していえば、LMS や TMS によって、以下のサービスを促進することができます。

▶ メンターとして登録する個人は、自身の専門領域を選択し、パーソナルプロファイルを公表し、現時点での稼働可能な日時がわかるようにする。

▶ メンターは、メンティの特定のコンピテンシーや特徴（たとえば性別）、そして人口統計的な要素に関する情報（たとえば、勤務地や所属部署）などを検索によって知ることができる。

▶ メンターとメンティ間で行われる受け入れと契約のプロセスを進める。

▶ メンティの進捗やプログラムの効果についての追跡と報告をする。

▶ メンターを評価する。

▶ 誰がメンタリングをし、誰がそれを受けたかについて、文書に記録として残す。

リライアンスインダストリ社（Reliance Industries）の取り組みは、適切なケースといえるでしょう。この会社は既存の知識を新しい従業員へ素早く伝えるために、コーチングとメンタリングのブレンド型プログラムを開発しました。これらには、以下のことが含まれます。

▶ メンターとメンティに向けて、知識、スキル、能力（Knowledge、Skill、Ability：KSA）を定義している。

▶ メンタリングワークショップで訓練を受けたメンターであること。彼らのメンターとしての指導スタイルが評価され、今後、指導を受ける可能性がある人の学習スタイルとマッピングさせている。

▶ メンティに求められる KSA マトリックスに基づいた詳細なシラバスが用意されている。

▶ レッスンプラン（またはモジュール）が定義されている。

▶ メンタリングのポータルサイト上にレッスンプランがアップロードされている。

▶ メンターとメンティの日記が提供されている。

▶ 学習や認定、妥当性検証の進捗をオンラインでトラッキングできる。認定や妥当性検証はインタビューおよび筆記試験に基づいている。

▶ メンタリングが成功し、学習モジュールによって学びが促進され、認定された後、メンターとメンティ両方へ金銭的な報酬が与えられる。

トレーニング提供 AOE

ATD から発行された 2009 年産業実態報告書（State of Industry Report）のデータは、組織が学習を提供するために、これまでにないほどテクノロジーを多用していることと、インストラクター主導型学習が減少していることを検証しています。従来型の教室で行わるような仕事場から隔離された学習行事（learning events）は、ワークステーション上で、あるいは働く人の自分のペースによる学習経験（leaning experiences）へと徐々に移行しているのです。

トレーナーには、コンピテンシーベース・トレーニングを行う際に、テクノロジーの側面から多くの選択肢が用意されています（ロスウェル、バトラー＜ Butler ＞、マルドナド＜ Maldonado ＞、ハント＜ Hunt ＞、ピーターズ＜ Peters ＞、リー アンド スターン＜ Li & Stern ＞、2006 年）。Podcast やソーシャルネットワーク、Wikis、ブログ、ウェブ会議などの新しいアプローチは、従来型の教室で行うアプローチより低コストでコンテンツを速く配信できることにおいて、効果的であると証明されています。これらのテクノロジーの多くは、最も小規模の会社やリソースが十分でない多くの会社においても、

利用することができるのです。

　ウェブ会議はすぐに元が取れ、簡単に導入できるものとして、安価なテクノロジーの典型例といえるでしょう。ウェッブ会議を利用すると、組織は、教室での学習に関わる旅費や時間を削減することができます。そのサービスは外部が運営しているので、コンピュータを準備しインターネットに接続する以外に必要なものはほとんどありません。ウェブ会議ソフトの使用料は（多くのテクノロジーの典型的なトレンドを受けて）劇的に安くなっています。また、無料のウェブ会議も選択肢として、今では多数存在しています。

　新しい学習の実施は、従来の教室で行うトレーニングとどのように違うのでしょうか。多くの違いは、数年前に広まった遠隔教育やeラーニングとの違いと似ています。1つ目は、新しい学習では、多くの場合、コンセプトを伝えるのに有効となるマルチメディアを使ったことによって（「百聞は一見にしかず」）、多様な学習スタイルの人々に提供することができ、また、学習への関与も高めることができます。2つ目は、双方向ということです。2Wayコミュニケーションによって、学習者が学習に関する情報に触れ続けることができ、また、学ぶプロセスそのものを楽しむようにしています。3つ目には、モジュール化していることで、個別的な対応が可能であることです。学習者は自分に最も適したペースで学習ができ、学習へのモチベーションが最も高いときに、そのタイミングで学習に取り組むことができます。

　事例はたくさんありますが、ここでいくつか紹介しましょう。

▶ メリルリンチ社（Merrill Lynch）は、BlackBerry*経由でトレーニングを配信するためにGoLearnプログラムを立ち上げました。彼らはメリルリンチ大学の必修科目とGoLearnを比較しました。そして、学習成果は同等であることを確認しました。しかしながら、GoLearnのトレーニングは30～40％短い時間で完了し、12％高い完了率でした。GoLearnのすべての参加者がそのような形式のトレーニングをもっと見てみたいと回答しました。（ブラウン＜Brown＞、2009年）

▶ タイコ／グリンネル社（Tyco/Grinnell）は、携帯電話でさまざまな情報にアクセスできるプロトタイプを構築しました。アクセスできる情報には、顧客データや注文（情報は電話越しに読み上げられます）、個人の

メッセージや助言をグループで共有できる「Books on Tape（テープ上
の書籍）」、CEO からの最近のメッセージなどもあります。（メトカーフ
＜ Metcalf ＞、2008 年）

▶ エポクレート社（Epocrates, Inc.,）は、iPone、BlackBerry、Palm*、そ
して Windows のモバイル機器向けに、15 分のコースやヘルスケアの専
門家の意思決定支援を提供しています。これは、ヘルスケアの専門家が
素早く、簡単にアクセスでき、信頼できる情報源を提供することを意図
しています。エポクレート社によると、3 人に 1 人の米国の医師を含む
90 万人以上のヘルスケアの専門家が、医療ミスを減らし、患者へのケ
アを向上させ、生産性を高めることを支援するエポクレート社のモバイ
ルとウェブの製品を使用しているとしています。

　新しい事実の一部として、学習は必ずしも専門家から教えてもらうだけで
はないということがあります（ジョンソン＜ Johnson ＞、2008 年）。協調学
習では、参加者自身の経験に基づいて知識を体系化していくということを通
して、すべての参加者が自信をもつようになります。コンピテンシーベース・
トレーナーは、学習者に提供される情報が正しいものかを確認するために、
モニタリングや専門家からの助けを借りていきながら、信頼のおける学習コ
ンテンツを維持していく重要な役割を果たすことになります。

　テクノロジーベース学習は、ハードやソフトウェアのことだけを考えてい
ればよいのではありません。コンピテンシーベース・トレーナーは、人々が
継続して学べるようにする新しい考え方を創り出す最前線にいるものです。
それは、オフィスにいようと外出していようと、日常の場面でもそうです。
知識を提示すること（presentation）から知識を流通させること（distribution）
へとトレーニングの方向性が変わっています。それにより、必要なときに情
報にアクセスできるようになり、学習者が情報を記憶する必要性が減少して
いるのです。

学習デザインの AOE

　学習コンテンツの数を増やすことやコストを抑えること、また、オンデマ

ンドでの学習といった多様なニーズに応えていくために、組織としてラーニングデザインや学習コンテンツ開発を押し進めていくと、よりテクノロジーを活用することが必要となってきます。学習コンテンツのデザインにテクノロジーを利用する場合と、学習内容の配信に利用する場合を比較すると、配信にテクノロジーを活用することのほうがより必要であることは明らかです。しかし、テクノロジーを活用することはどちらも大事で、事実、デザインと配信は連携して行われることもあります。すなわち、新しい配信のメカニズムには、学習コンテンツ開発での新しいテクニックが総じて必要とされてきています。

　学習コンテンツ管理システム（LCMS: Learning Content Management System）は、主としてラーニングデザインに使用されます。そのシステムはLMSに統合しているものと分離しているものがあります。より速く学習コンテンツを開発し、配信するというビジネス上の要請があるため、LCMSはeラーニングを作成するためのツールから、多くの学習ニーズに対応するために、柔軟に再利用することが可能となる知識資源の設計ツールとして、その位置づけが拡張しています。これらのシステムはLMSと比べるとそれほど普及していません（12～13％の市場占有率）（マローン他＜ Mallon et al ＞、2009年）。しかしながら、LCMSはすぐにより主流になることが期待できると思います。それは、インフォーマル学習に重点が置かれている動向と、従業員への効果的な情報の管理と配信によってビジネスの優位性を確保することの2つの理由から、そのような期待ができると考えるのです。

　バーシン アンド アソシエイツ社＜ Bersin and Associates ＞は、学習コンテンツ習熟モデル（Learning Content Maturity Model）を開発しました（ハワード＜ Howard ＞、2007年）。そのモデルは、組織がどのように学習コンテンツをデザインし管理するかに関するフレームワークです（例示5－2参照）。学習の習熟度が高い組織は、時期に応じて5つのレベルのどこでも運用することができます。どのレベルも本質的に悪いということはありません。しかし、高いレベルに組織が移行するほど、いつでもアクセスでき個人のニーズに合った学習コンテンツを開発するより高い能力が、特に求められます。各レベルは、本質的により多くテクノロジーを取り込んでいます。

例示５－２　バーシン アンド アソシエイツ社による学習コンテンツ習熟モデル

```
                              オンデマンド・ステージ
                         一貫性、ユーザビリティ、アクセス性
                         個別企業向けステージ
                    部門間、コンテンツの活用、コンテンツの戦略
                         協調ステージ
                         効率的な開発
                    ラピッド型ステージ
              素早い配信、研修の時間は教育の質と同じくらい重要
                    従来型ステージ
              手作りのコンテンツ、高レベルな教育の質
```

出典：Bersin & Associates: The Learning Maturity Model: Developing a Framework for Integrated Training and Knowledge Management, 2007.

バーシン アンド アソシエイツ社による学習の習熟度段階は、以下の通りです。

1. **従来型ステージ：**このステージは、eラーニングと呼ばれる以前に普及していた、学習コンテンツ制作でのベストプラクティスを指します。このステージでは、インストラクター主導によるトレーニングコースが行われます。学習コンテンツは、SMEの助言の元で作成していく、従来のインストラクショナルデザイン手法（言い換えると、ADDIE：Analysis, Design, Development, Implementation, Evaluation＜分析、設計、開発、実施、評価＞）と呼ばれるものです。ここでは、デスクトップパブリッシュソフトなど、コンテンツのオーサリングと公開の際にテクノロジーが使われます。また、セルフペースで学習するCD-ROMやその類いのメディアを使います。このアプローチは、特定の状況によっては今でも選ばれています。コンテンツを頻繁に変える必要がない場合や、しっかりと作り込んだレベルの品質が適しているような場合には、多くの学習者にプラスになります。

2. **ラピッド型ステージ：**ラピッド開発のステージは、その名前が示すように、品質を損ねないようにしながらも素早く学習コンテンツを公開する必要性に応えるものです。開発のためのリソースが十分にそろっていない場合にも適用されます。学習コンテンツを開発する時間は、数カ月あ

るいは数週間となり、50％またはそれ以上のコスト削減ができるかもしれません。それには、開発のプロセスを一層効率化（たとえば、SME が録音による学習コンテンツを作成するために、テンプレートを使用するなど）させ、また、テクノロジー（たとえば、PowerPoint などの共通するプンゼンテーション形式にオーサリングするツール）を活用することで可能になります。

3. **協調ステージ**：協調ステージは、コンテンツ開発での機能と範囲を広げたものです。より多くのコンテンツの種類、より頻繁なアップデート、または複数あるいは海外の従業員への対応といったニーズから後押しされます。こうしたニーズに沿うために、コンテンツ開発は、地理的にいろいろな所で行われ、より専門的になってきています。そこで必要となるのは、チーム体制の良いプロジェクトマネジメントです。コンテンツのための標準規格も開発され、実装していきます。

   この段階ではさらにテクノロジーは重要になります。テクノロジーによって、統合的オーサリングツールの実現が可能となり、異文化のスタッフに向けた柔軟な対応が取れるようになります。また、ログイン・ログアウトによるバージョン管理や他のファイル管理をテクノロジーによる手段を使って、複数の人が他人の文書を上書きしてしまうことなく作業ができるようになります。SharePoint のようなウェブベースの協調作業環境を使ってもよいかもしれません。これらのテクノロジーを用いると、組織外のリソースの活用の機会も増加します。最後に、このステージではページごとに開発を行うことが一般的で、第2ステージのコンテンツを再利用することを見越しています。

4. **個別企業向けステージ**：コンテンツ開発の対応力はさらに広がりをみせます。このステージは、既成のコースを減らし、個別ニーズに対応する学習コンテンツの要請に基づいています。学習コンテンツの量を増やすことと同様に、部門間をまたがった利用や、より多くの情報源や学習タイプを取り込むこと、さらにはコンテンツの再利用を増やしていくことへ対応します。実際にコンテンツ開発していく上では、協調ステージと類似したことになりますが、コンテンツは違う方法で扱われ、導入され、活用されていきます。

コンテンツとなる素材（学習オブジェクト）は、異なる仕組みで配信されます。そのため、コンテンツ素材は、多くの違った仕組みや経路によって配信することができ、動的にユニークな組み合わせとして個別化することもできます。コンテンツの保存場所にタグ付けされて、保存されているコンテンツを、テクノロジーによるツールによって、速く自由に組み立てることができます。役割、資格、コンプライアンスの要求などによる違いに対して、適切な人に適切なトレーニング（または他の計画された学習経験）を提供するためにも、LMS は使われることになります。

5. **オンデマンド・ステージ**：（今日までの）技術進歩の最上位レベルにあります。ワークプレイスにおいて必要な時と場所で、学習者へ個別化した学習コンテンツを提供するもので、ジャストインタイムのトレーニングといえます。オンデマンドのトレーニングによって、個人は学習を持ち歩くことができるようになり、従業員は（最初に学習しておかなければならない代わりに）実践しながら学べるようになります。加えて、学習は（手元にあるタスクに関する）文脈に取り込まれるのです。このステージでのトレーニングは、学習単体から、職務でのパフォーマンス支援や知識共有へと進化を遂げることになります。トレーニングは、より戦略的な組織目標や要請されるビジネス成果と歩調を合わせたものとなるのです。

　従業員が必要としているどんなものでも、身近なものとして使えるようにするために、学習は、パフォーマンスマネジメントやタレントマネジメント、あるいは知識マネジメントといった、従来の研修部門が取り扱ってきた範囲を越えた企業システムに統合されるのです。たとえば、SMART 目標（表 5 − 1）を書いたり、パフォーマンスについて効果的なレビューをすることは、パフォーマンスマネジメントの運用の中に適切に統合されます。あるいは、営業担当者の場合では、すぐにアクセスできる小さな学習オブジェクトを取り扱えるユーザーフレンドリーなシステム上で、製品情報、クライアント情報、提案や価格に関する情報がもてるようになるかもしれません。トレーナーは、個々人がどのトレーニングを修了しているかという情報と売上結果のデータを関連づける機会や、パフォーマンスにどの学習が結びつくかつか

ないかを理解する機会を得るのです。

　要約すると、組織としてトレーニングをデザインする力がつき、洗練され
ていくことによって、一層テクノロジーの重要さは増していくということで
す。コンピテンシートレーニングの需要が提供可能なトレーニング量を越え
る場合には、テクノロジーに支えられた学習デザインは、コンピテンシーベー
ス・トレーナーにとって大きな恩恵となることでしょう。

表5−1　SMART目標の特徴

	説明
明確性 **S**pecific	目標は、どの重要なステークホルダの立場からも、明確で望まれる成果を表現していなければなりません。
測定可能性 **M**easurable	目標は、成功を測定する証拠となるように開発しなければなりません。測定可能な指標は、目標を達成したかどうかを評価することを可能にします。また、目標は、リソースの制約や測定のタイプを定めた上で、プログラム所有者が実際に測定できるものであるべきです。
到達可能性 **A**chievable	目標は、参加者、デザイナー、開発者が改善に向けて能力を発揮させるものであるべきです。しかし、「手の届く」範囲内で広げるようにしましょう。
現実性 **R**ealistic	目標は、目標達成を可能とする条件、リソース、支援を考慮に入れ、現実的でなくてはなりません。
期限性 **T**ime bound	目標は、ある時間内における成果の達成を表現しなければなりません。

注．SMART の他のバリエーションについては、以下にアクセスしてください。
http://rapidbi.com/created/WriteSMARTobjectives.html

学習機能マネジメントのAOE

　学習を効果的に管理するためにテクノロジーを活用するという取り組み
は、10 年以上に渡って多くの組織で行われてきており、コンピテンシーベー
ス・トレーナーもその恩恵に預かってきました。バージン アンド アソシエ
イツ社による報告（マーロン他、2009 年）では、全米企業の 40％が LMS を
所有し、大企業の 80％が LMS を実際に使っています。

標準的な LMS の多くは、基本機能として（数例挙げると）以下を含んでいます。

- ▶ 受講可能なトレーニングやトレーニングリソースを、トレーニングカレンダー上に、または組織のコンピテンシーへのリンクを通じて提示する機能
- ▶ トレーニング活動への受講者登録、受講者の前提条件、受講者の指名、受講許可を管理する機能
- ▶ 予約リストも含めたクラス名簿を管理する機能
- ▶ スケジュール、事前準備、その他の要求など、多様な案内を従業員へ連絡したり、リマインドする機能
- ▶ e ラーニングの実施機能
- ▶ 受講者を評価する機能
- ▶ インストラクターやトレーニングを評価する機能
- ▶ 出席状況のトラッキング機能
- ▶ トレーニングの修了認定書を用意する機能
- ▶ インストラクターの管理とトラッキングの機能
- ▶ 認定やコンプライアンスへの取り組みに対応する管理
- ▶ 個人のトレーニング記録の保存と検索の機能
- ▶ 分析とレポート作成の機能
- ▶ 他の企業人事システムとの連携機能

2000 年から、多くの LMS はユーザーが自分自身の学習の管理ができたり、e ラーニングを立ち上げることができるポータルサイトへと進化してきました。他の動向としては、ビジネスパートナーのトレーニングの管理や、顧客へトレーニングを普及させるシステムとして利用されてきたことが挙げられます。現在では、システムはソーシャルラーニングや協調学習に対応し、ナレッジマネジメントを介して学習コンテンツを管理できるように進化しています。

組織的なナレッジマネジメント AOE

　ナレッジマネジメント（Knowledge Management/ 以降KM）とは、有用な知識を特定し、必要なときに他の人が使えるようにするプロセスです。多くのKMシステムは動的なものにならざるを得ません。すなわち、参加者は絶え間なく情報を共有し、広め、そしてメンテナンスするものであり、それによって継続可能なパフォーマンス向上に役に立つものとなるのです。その他のKMの特長を挙げてみると、イノベーションや成長と同様に、従来のものとは異なる生産性向上やコスト削減が実現するという点で効果的です。多くのKMプログラムは、障害やコスト抑制に悩まされてきたといわれていました（ダベンポート＜ Davenport ＞、2005 年。ハル＜ Hall ＞、2009 年）。

　KMによって、学習は仕事環境の中にも広げられました。そして、コンピテンシーベース・トレーナーであるあなたは、自分自身がKMシステムについてアドバイスを提供しているということや、もしくはそのシステムが自分のものであるかのように感じるかもしれません。最低でも、あなたは、ユーザーがKMシステムの特長を理解し、利用する手助けをすることに自分自身が貢献し、責任を取ろうとするようになるでしょう。そして、ユーザーに対して継続して励まし、好ましい行動へと強化していく必要が出てくるでしょう。

　知識は、企業プロセス、実践、基準のように明示的なものもあれば、仕事をする人々のマインドに存在する知識や経験のように、暗黙的なものもあります。ほとんどの産業においてベビーブーム労働者が定年を迎え始めていることで、昨今、暗黙的な情報を把握する重要性が増えてきています。KMシステム開発の決まり事としていわれてきているのは、「ヒト・プロセス・テクノロジー」です。ヒトは、プロセスを提案し、そして知識を共有し、練り直し、検証し、アップデートをするために必要となります。プロセスは、ヒトが遂行するステップのすべてにおいて必要とされています。最後に、直感的で、ユーザーフレンドリーなナレッジポータルに関するテクノロジーが求められています。

　KMにおいてかなりの電子ツールが利用されるようになりますが、現在利用しているツールで対応するか、KMのためにデザインされたテクノロジー

を取り入れるかの間で、選ばなくてはなりません。洗練されたKMテクノロジーは、多様な性能を備えています。たとえば、

- ▶ 精緻なデータベース検索機能
  - 検索の対象が狭すぎたり、広すぎたりする場合の検索フィルタリング
  - ユーザーがより速く答えを見つけるためのQAダイアログの使用
  - 固有の質問に的確な答えを提供する個別応答
  - 検索方法の改善に関するユーザーへのコーチング
- ▶ 情報管理機能
  - コンテンツのオーサリング、編集、レビュー、公開に関するワークフロー
  - 集中型知識、つまり、データの変換の必要がなく、既存のデータベースに接続する機能
- ▶ アナリティックス機能
  - 学習コンテンツにおけるギャップの特定
  - 主要な情報支援のニーズ分析

テクノロジーの決定に関わらず、KMを実施するために以下の基本ステップを考慮しなければなりません（アトウッド＜ Atwood ＞、2009 年）。

1. 情報の必要性と情報へアクセスする方法を確定する
2. 情報源を示す
3. 情報収集システムを選択する
4. 知識を蓄積し、確認し、分配する
5. 知識を維持する

この基本ステップは十分にシンプルにみえますが、KMシステムのマネージャーは大きな挑戦に直面することになります。たとえば、情報は 30 日もたたないうちに、古くなってしまうことがありますが、最新でない、または使えない情報を選び取ることは、そんなに簡単なことではありません。「役立つ」情報だけが追加されているかどうかを誰が監視するのでしょうか。情報、特に暗黙知の正当性について、誰が決定権をもっているのでしょうか。

システムに最新情報が入っていることを確認する責任を誰が負うのでしょうか。個人的利益のために知識を蓄積していくことと比べて情報を提供していくことへのインセンティブは何でしょうか。膨大な投資がKMシステムを維持するために必要となります。費用対効果が不明確でコストに見合わないと断定され、多くのシステムがすぐに放棄されてきました。

多くの失敗があるにも関わらず、ヒト・プロセス・テクノロジーの問題に対して解を求める中で、適切な考慮を行っていくことで、多くの組織でKMは成功します。大企業にしか使えないシステムがある一方で、中にはとてもシンプルなシステムもあります。たとえば、

▶ ある銀行では、顧客へのサービスに対し重要な約400の専門分野を特定しました。これはある学習プロフェッショナルが、各トピックに関して主力となる内部の専門家を2人ずつ特定するというプロセスを活用しました。専門家の名前、eメール、内線番号を含む名簿が作成されました。このシステムは、その効果と銀行員からの評価の両方で実績を上げました。

▶ ある製造メーカーでは、外部トレーニングを受講した従業員が受講していない同僚に向けたプレゼンテーションをすることで、学んだことを普及しようとしました。平均30人から40人の従業員が各発表会に出席しました。毎年、この企業は知識共有を促進させるプログラムを記念した祝典を行っています。

▶ また別の製造メーカーは、明示的な知識と暗黙的な知識の両方を備えたKMシステムを導入しています。ユーザーは、下記に記したものを素早く見つけることができます。

- 標準業務手順書と標準業務条件
- 標準メンテナンス手順書
- 発注先のOEM（Original Equipment Manufacturer：相手先ブランド製造）メーカーの作成した文書、図面、仕様書、製品安全に関するデータ
- 障害異常レポートと信頼性に関する発行物
- ベンチマークデータ
- 経験から学んだ教訓集

▶ 素早い対応、コスト効率性、支援を必要としている顧客への正確な対応を可能とするために、そして最も大切なこととして顧客満足度を向上させるために、多くのカスタマーサポート機能は KM システムに頼っています。KM システムでは、顧客とサポート担当者間のやり取りを記録しますが、さらに役立つ参考資料へリンクを貼ったり、キーワードでインデックスをつくり、再オーサリングしたりして、これらのデータベースへ付加価値をつけています。それにより、コンテンツはより容易に手に入れることができ、ソリューションの素早い提供に対応できるようになっています。特定の問題に関する問い合わせの大部分は、概して30〜40日のライフサイクルであることが確認されたため（ホール、2009年）、問題や新しい必要性が出てきたときに、すぐに新しい情報を投稿することが重要です。

テクノロジーとベンダーの選定における共通する間違い

テクノロジーの購入を決める際には、目を引く新しいハードやソフトを吟味するよりももっと考慮が必要になります。ベンダーの選定においては、確信をもつことも必要です。それは、コースを超えて必要となってくるものを提供してくれるベンダーとして、長いつきあいとなる期待がもてるかどうかといったことです。テクノロジーとベンダーの選定は、配偶者を選ぶのに驚くほどよく似ています（例示5－3）。

間違った選択を防ぐことは、恐らくすべての人にとっての関心事ではありません。配偶者またはテクノロジーの選択はとても複雑に違いないのです。結果的に粗末なテクノロジーを選択してしまうという間違いは、なぜ起こるのでしょうか。

▶ **自分自身の要求事項を確認する前にベンダーを評価してしまう**
このアプローチは本能的反応に頼っているか、誤った意思決定のための基準しか見ていないことに起因します。その時点であなたは強運に頼るギャンブラーのようになるのです。そして、ギャンブラーのように「破滅」してしまうかもしれません。

第5章　コンピテンシーベース学習をサポートするためのテクノロジー活用

例示5－3　配偶者の選択—またはテクノロジーベンダーの選択

1. 賭け事的な要素があるといえます。取り得る選択があまりにも多過ぎて、すべてについて考えていくことはできません。候補者として上がってくる人の数パーセントしか検討することはできないでしょう。

2. 1つ以上の正しい選択があります。それは、あなたが幸せになるための選択肢は、1つではないことを意味します。

3. 外見上の特徴に、過度に影響されるかもしれません。

4. 候補者を評価するのに少しの時間しかかけなくても、長く時間をかけたとしても、必ずしも下す決定の質が改善されるものではありません。

5. もし、最も重要な判断基準に着目しなかったら、間違いを犯しやすくなるでしょう。

6. 「ハネムーン」期間というのがあります。テクノロジーに対しても、そして結婚に対しても、それは結婚の前に大概起こります（テクノロジーの場合は実装の前に起こります）。どの選択をしても、完璧であることはありません。幸福を手に入れ、それを維持することには努力が必要です。

7. 破局は厄介です。しかし残念ながら、とてもよく起こることです。あなたも典型的に、時間やお金を費やそうとしているかもしれません。関係を断つということは、非難、不便さ、一時的な不安が生じ、そしてコストがかかる傾向にあります。

8. 次に選択するときにはより賢くなっているとも、なっていないともいえません。

　販売員の好感度や話し方の技術に重点を置き過ぎてしまうということはよく生じます。これはあまりにも基本的過ぎて、注意の必要はなさそうに思えるかもしれませんが、そうではありません。非常に美しいパワーポイントのスライド（または発表者）によって、ソリューションに関わるメリットへ着目すべき点を、そらしてしまうことが頻繁におきます。良い決定を下すために、一連の要求事項を明確にし、優先順位をつけておくことが必要となります。

　判断基準の欠如に関係した他の罠としては、あまり価値がないか、おそらくソリューションからそれている誇大な特長に関するベンダーの説明に夢中になってしまうことです。たとえば、仮に、監督者が直属の部下の能力開発目標の達成度を評価する際に、自分の言葉でなく（ソフトウェアのベンダーが用意した）定型のコメントを挿入できる「文書作成支援機能」を使っていたとしたら、あなたは本当に恩恵を受けると思いますか。確かに、監督指導

83

する誰もが上手に文章を書けるわけではありません。しかし、自分自身で変更可能であるとはいえ、そうしたコメントを提供することは、フィードバックそのものの目的を阻害してしまってはいないでしょうか。

　有能なベンダーは、ツールについて何かと教えてくれるという意味では、とても役に立つでしょう。本当に必要なものの決定を支援してくれる技術営業スタッフも抱えていることがあります。さらには、要求事項のリスト作成に多大な時間と労力がかかることがわかると、自分自身でつくり上げるのに便利なリストを提供してくれるベンダーをもっておきたくなるでしょう。ただ、その際、渡されるのは、恐らくベンダーが売り込みたい要求事項リストでしょう。（評判の良い企業分析家と同様に）優秀なベンダーから提案された要求事項に関する複数のリストをまとめていくことで、要求事項を構成する時間と労力を減らすことができます。また、見落としてしまいそうな重要な要求事項を明確にするのに役立ちます。

▶ 企画提案書による誤解

　ベンダーの提案書は、必須となる情報を提供してくれますが、その提案書の評価の方法を間違えることがあります。また、提案への対応だけでベンダーを除外してしまうという間違いをすることもあります。

　ベンダーの提案書の価値を最大限にするために、提案依頼書（Request for Proposal ／以降 RFP）を書くことで、自分が何を求めているかを明確にできたらよいと考えるでしょう。RFP は通常、要求事項のリストに加えて、ベンダーが対応しなければならないと予想される、他の評価基準（類似した実績と参考資料など）も含めています。

　できることなら新しい機能を開発するよりも、「追加設定なし」、つまり、要求事項をすべて満たすベンダーを探そうとするでしょう。そうは言っても、要求事項というのは少し曖昧になりがちなので、多くのベンダーは「すべての要求事項を満たせます！」と表明することがよくあります。ベンダーができない過剰な約束をしてしまう傾向を低減させていくために、ベンダーにはそれぞれの要求事項への対応方法を簡単に説明してもらうこともできます。

　提案書では、ベンダーが提供できる「余分なもの」を除いて、当該ベンダー

が自組織のビジネスに提供するバリューや、彼らが着目している詳細事項そして専門性がどの程度のものかといった、価値ある見解をもたらします。提案書がRFPに挙げられている課題に明確に対処していない場合、無関係な資料や付録が載せられている場合、あるいは、提出された提案書に見込み客の名前を発見した場合は、そのベンダーに対して懸念をもつべきです。現実的には、ベンダーの多くは「文例集」（すべての提案書で使う資料）を使っていますが、顧客の個別の関心事項に取り組むことで、顧客の個別のニーズに関心を向けていることを明確に態度表明すべきなのです。

　一方で、「簡単な」提案書がいつも粗悪なテクノロジーを意味するとは限りません。企業によっては提案書を書くことより、テクノロジーを開発し実装することのほうがより得意だということも考えられます。さらに、ベンダーの提案書が素晴らしいグラフィックを使っている、または提案書の重さが10kgもあるからといって、そのベンダーが満足に値するかどうかするかはわかりません。事実、数知れぬほどの添付資料がある長ったらしい提案書は、品質よりも高いコストを示す指標になり得ます。

▶ ステークホルダからの情報の欠如

　このエラーは、エンドユーザーや、調達部門、あるいはIT部門などといった、他の事業部門のステークホルダが、評価の段階に参加することを意図的に除外してしまうことが起因となります。良い決定をするためには、多様な見方が必要となります。

　ベンダー選択プロセスの秘訣の1つに、専門家とユーザーの適切な組み合わせを使うことが挙げられます。歯科医の評価制度が、そのふさわしい例えといえるでしょう。歯のクリーニングのように、一見、単純にみえるものであっても、専門家は正確に仕事の質を評価します。一方、患者は施術でのプロセスの方法に対して妥当性と重要性の評価をしますが、患者が快適であったかどうかのみで歯科医を判断するのは、適切ではないでしょう。同様に、学習の専門家、情報技術部門、そしてエンドユーザーの経験の組み合わせが必要になるでしょう。この3つの視点のどこかに比重を置き過ぎると、正しい道を外してしまうかもしれません。

▶ ベンダーのえこひいき

これは、好き嫌いの強さとして現れるものですが、選定プロセスが始まる前に、採用されるベンダーの選択をしていることさえもあります（すでに関係ができている＜ wired ＞、つまり、出来レースと呼ばれるものです）。ほとんどの場合、そのえこひいきは過去の関係をベースにしています。そのベンダーは有能であるかもしれませんが、筋の通った考慮に値するベンダーは他にもいるのです。

　ベンダーの選定では、仕組まれていることもめずらしいことではありません。厳しいルール（見込みのあるベンダーから他のすべてのベンダーに対し、質疑応答を共有するなど）を設定することは、偏らないために少しは役に立つでしょう。しかし、これらのルールは頻繁にベンダーのえこひいきを防ぐというよりも、公平感をつくるためによく機能します。ベンダーのえこひいきに関する残念な副産物は、他の可能性のあるベンダーがビジネス競争で勝つという合理的な機会をもっていないと感じてしまうことかもしれません。その後、彼らは提案書にほんの少ししか投資せず、または、選定プロセスにまったく参加しなくなってしまうかもしれません。これは好きなベンダーが一番良く見えてしまう自己達成的な予言をつくり出します。

　各ベンダーの可能性に対し、偏見のない心で公平な競争を維持する必要性に加え、出来る限り、あなたが彼らの提案を真剣に考慮し、評価プロセスは公平で公正であることをベンダーに保証することが重要です。

実践に向けて

この章では、コンピテンシーベース・トレーニングに活用できる新しいテクノロジーと、学習とパフォーマンスに関するプロフェッショナルがもつ数多い専門知識に対する支援方法について学びました。あなたは、（学習としての良い実践経験と組み合わせて）コンピテンシーベース・トレーニングのプロセスを向上するために、テクノロジーをどのように活用できると思いますか。リストをつくってみましょう。

第5章　コンピテンシーベース学習をサポートするためのテクノロジー活用

＊ BlackBerry、＊ Palm：欧米のビジネスパーソンを中心に広く利用されているスマートフォン

第6章

コンピテンシーベース・アプローチに関するコミュニケーション

この章の内容
この章では、以下について学びます。
- ▶ 「コンピテンシーベース・アプローチに基づくコミュニケーション」の定義の方法
- ▶ コンピテンシーベース・アプローチに基づくコミュニケーションの重要性
- ▶ コンピテンシーを明確にする前と明確化の作業中、そして導入後に継続させていく中でのコンピテンシーベース・アプローチに対するコミュニケーションのやり方

　コンピテンシーベース・アプローチに関するコミュニケーションは、単に「情報を与える」以上のことを意味します。このことは、コンピテンシーベース・アプローチをまさに取り入れていくにあたっての勘所として、コンピテンシーベース・アプローチの価値を指し示していくこととなります。その価値とは、継続的に他の人と話す機会を設け、かつその試みをサポートするためのコミュニケーション戦略を備えていることにあります。変化をもたらすためには、継続して働きかけていくコミュニケーションが必要です。

　組織にコンピテンシーベース・アプローチを導入することは、主流となっている文化を変えていく試みであり、それには持続的なコミットメントを必要とします。また、コンピテンシー開発者や学習プロフェッショナルである

かに関わらず、担当者はトレーニングプログラムにコンピテンシーセットを組み込んでいく責任があります。

あなたは、通常、コンピテンシーベース・トレーニングのスポンサーとなる人を増やしたいと思うでしょう。スポンサーは、コンセプトとプロセスを支持し、導入に対して信ぴょう性を与えてくれる熱狂的な支持者です。また、影響を与えてくれるさまざまなステークホルダからも、サポートを受けたいと思うでしょう。その人たちが協力的でない場合は、導入

基本原則4

経営陣への簡単な説明だけで、新しいコンピテンシーシステムが賛同されたり、導入が成功したりするのを期待してはいけません。コンピテンシーの導入を実行していくにあたっての失敗の大半は、コミュニケーションを取ることに対する努力不足から生じます。

のプロセスを狂わせる可能性も出てきます。スポンサーやステークホルダの支持を勝ち取るために、コンピテンシーベース・プロフェッショナルは、コンピテンシーの特定、評価、および開発の技術的詳細を彼らに説明することに加えて、ベネフィット（利便性）も説明し、良いものだと思ってもらわなければいけません。もしコンピテンシーベース・アプローチによって、彼らにとってある部分で説明責任を果たすことになり、収益性の向上やコストの削減が実現できるということを理解してもらえれば、周囲からの支援を得ることははるかに簡単になります。たとえば、多くの潜在的スポンサーは、外部から人を採用することはコストや時間がかかるので、それに頼るよりも、現在の従業員に対する能力開発のほうに乗る気になってくるでしょう。スポンサーの初期承認を得た後であっても、コミュニケーションは取り続けなければいけません。コンピテンシーベース・トレーニングを正当化する目的とビジネス上の理由について定期的にコミュニケーションを重ねること、そして、そこから得られる継続的な成果をしつこく刷り込んでいくことは重要です。

コミュニケーションプランを構築する

　コンピテンシーベース・トレーニングに着手する前に、実務家は、例示6－1に要約された6つのキーステップを完了するべきです。例示6－2に提示したワークシートは、思考を整理するためのツールになります。

　この6つのステップのモデルに加えて、別の選択肢としては導入の段階で、運営委員会やアドバイザリーグループを設置することがあります（この2つは相互排他ではありません）。主要なステークホルダからの支持やコミュニケーションを構築するための最良の方法の1つは、彼らを巻き込むことです。また、運営委員会は、プロジェクトを軌道に乗せる方法についての価値あるアイデアを提供することもでき、構成メンバーから率直なフィードバックが得られます。実際のところ、運営委員会は、潜在的な問題や進捗中に発生する問題に対する高度な警告システムとして機能します。

例示6－1　コミュニケーション計画の構築

Step 1：主要なステークホルダを特定する
Step 2：プロジェクトごとに各ステークホルダグループに対する変革目標のターゲットを選定する
Step 3：各ステークホルダグループが抱く特別な懸念事項を特定し、抵抗勢力へ対処する
Step 4：技術的作業計画に関するメッセージと情報経路をつくりあげる
Step 5：計画を実行する
Step 6：コミュニケーション方法の有効性について評価する

例示6－2　コミュニケーションを整理するためのワークシート

【実施方法】コンピテンシーモデルの開発に着手する前に、コミュニケーションの方法を検討する上での考えの整理に、このワークシートを活用してください。各質問については左側の列に記述されています。その右側の列に回答してください。コンピテンシーについてのコミュニケーションを行っていくための計画に関して他者を巻き込むために、スタッフミーティングでこのワークシートを活用することも可能です。

質問： あなたと組織はどのように…	回答
1. 取り組みについて知らせなければならない主要なステークホルダ（ターゲットグループのメンバー、彼らの直属の上司、それ以外の試みに関与していない人事担当者、活動を承認し、サポートする必要がある経営トップなど）を特定しますか？	
2. コンピテンシープロジェクトの各ステップにおいて、各ステークホルダグループに対する変革目標はどのように設定していきますか？	
3. 各ステークホルダグループの特別な懸案事項（彼らがそこから何をしたいかは、それぞれ異なるかもしれないこと）をどのように絞っていきますか？　そして、各ステップでのメッセージは、こうした懸案事項にどのように対処していけるようになるでしょうか？	
4. コンピテンシーを特定し、評価し、そして活用していく技術的作業計画に、メッセージの流れと情報経路（コミュニケーションのモード）をどのように取り込んでいきますか？	
5. 1つのアプローチだけで情報を獲得しても、オーナー（自ら変えていく）精神を構築し維持することはできません。そのことを理解した上で、（個別、グループ、組織的といった）情報経路や手法を組み合わせながら、どのように計画を実行へと移していきますか？	
6. コンピテンシーベース・トレーニングとコンピテンシーベース学習の導入の前、最中、および導入後において、コミュニケーション手法の効果性を評価する方法をどのように構築しますか？	

第6章　コンピテンシーベース・アプローチに関するコミュニケーション

ステップ1：主要なステークホルダを特定する

　コンピテンシーベース学習の導入に伴い、主要なステークホルダを特定することによって、変革への取り組みを始めていきます。この人たちは、これからの試みに影響を及ぼす人たちであり、かつ影響を受ける人たちでもあります。多様なステークホルダは、異なった問題や関心をもっていることを認識しておかなければなりません。「何が関心事なのか」はステークホルダによって異なってくるものです。たとえば、

▶ 経営層は、コンピテンシーベース・アプローチによって生産性が向上し、人材の底上げができることに興味を示すでしょう。
▶ ミドルやフロントラインのマネージャーは、欠員を埋める必要が出たときに、コンピテンシーベース・アプローチによって、適切な人材をより簡単に見つけ出すことができることに興味を示すでしょう。
▶ 個々の組合員は、コンピテンシーによって仕事上の成功や昇進の機会には何が必要かについて明確になることに興味を示すでしょう。
▶ 労働者のリーダーは、コンピテンシーによって業務拡大をより可視化し、監督者がある特定の人をひいきしてしまう傾向が減少することに興味を示すでしょう。

　コンピテンシーの導入を実施していく上で役立つと思われる他のグループを巻き込むことを忘れないでください。たとえば、法務、ITもしくは、企業広報にも参加を要請してみましょう。

ステップ2：プロジェクトごとに各ステークホルダグループに対する変革目標のターゲットを選定する

　さまざまなステークホルダがコンピテンシーベース学習の取り組みに求めているものを明確にしてみてください。ステークホルダたちは何を思い描いているのでしょうか。あなたが尋ねてみるとよい質問を、以下に挙げてみました。

93

▶ このプロジェクトの成功として、どのような結果を求めますか？

▶ このプロジェクトを成功させる要因となる組織の強みは何ですか？

▶ 取り組みを行う上で、どのような壁が組織にはあるのでしょうか？
またそれはどのようにして取り除くことができるでしょうか？

▶ 私たちの組織や文化に溶け込んでうまく機能するコンピテンシーベース・トレーニングとは、どのようなものでしょうか？

▶ 組織全体でコミュニケーションを取るための最も効果的な方法は何ですか？

▶ あなたは、このプロジェクトを遂行する上で、どんな役割を引き受けますか？

▶ SME（領域専門家）のチームに、誰を推薦しますか？

▶ あなたの周囲では、どのようなコンピテンシーが最も重要でしょうか？

▶ コンピテンシーの獲得の度合を測定すべきだと思いますか？

　あなたは、ステークホルダの目標の達成を測る方法と、組織の戦略的目標とビジネスニーズを結びつける方法を決定しようと考えるでしょう。測定は、カークパトリックの評価の４レベルを組み込んで検討できる範囲とします。どんな態度や考えを変えていく必要があるでしょうか？　スキルとしてはどれでしょうか？　業務中でのどんな振る舞いでしょうか？　どんなビジネスの成果でしょうか？

ステップ３：各ステークホルダグループが抱く特別な懸念事項を特定し、抵抗勢力へ対処する

　先に述べたように、あなたはステークホルダに、組織の壁を特定することやその壁を壊していくことについて手伝ってもらうようにお願いすべきです。コンピテンシーベース学習に抵抗する個人やグループが出てくるかもしれません。たとえば、コンピテンシーベース学習は、学習が行われている期間中や最終結果について、個々人に高いレベルの説明責任を要求するかもしれません。従来の教室で提供されていたトレーニング環境の中で育った個人は、最も必要とされる開発ニーズに基づいて適切な能力開発リソースを特定

94

するという責任が高まるのと同様に、eラーニングのような新しい学習形式に対して抵抗があるかもしれません。

　抵抗のもう1つの一般な原因としては、コンピテンシーテストに対する不安から生じています。従業員がうまく成果を成し遂げない場合、彼らは潜在的な能力について不安を感じます。長年の間、評価というものを経験してこなかった年配の従業員にとっては、特に不安を感じさせることになるでしょう。そして、経験や年功を重要視してきた従来の方法を引き合いに出し、コンピテンシーに関する新たな説明責任が発生することに、ぼやきを言うでしょう。トレーニング担当の役割をもつ人の中には、慣れた現状維持を好む人もいるかもしれません。あらゆる懸念を予測し探し出し、ステークホルダたちに障壁を減らす、または取り除くソリューションに取り組んでもらうことが重要です。可能な場合には、問題を解決する際に抵抗者を巻き込み、進行中の運営委員会のメンバーやアドバイザーとして従事させるように試みましょう。

　最初の取り組みとしてパイロットスタディ（事前試行）を行うことは、批判を弱め、懸念への対応をより簡単にさせるには良い方策です。パイロットスタディでは、導入プロセスを試してみることと、何がよく機能し、また機能しないのかを評価すること、そして調整することを含みます。それは、あなたが「自分がわかっていないということがわかっていない」ことであって、それはよく起こる過ちであることをはっきりと認識することになります。継続的な改善とは、まさにこの心構えなのです。パイロットスタディの副次的なメリットは、あなたが経験豊富な影響力のある準拠集団をつくり出せることです。この準拠集団はプロセスを伝達し、支持してくれるだけなく、状況によってはあなた以上に成功の可能性を高める場合もあります。

ステップ4：技術的作業計画に関するメッセージと情報経路をつくりあげる

　技術的作業計画は、次のようなことを行っていくためのプロセスを示します。コンピテンシーと行動指標を識別すること、それらに照らし合せて個人を評価すること、パフォーマンスと能力開発のギャップを測ること、および

個々人への開発を試みることによってギャップを埋めていくことです。コミュニケーション計画とは、この変革の試みの説明や構築を手助けするプロセスです。つまり、これらは、技術的な作業計画の各ステップの前、その間、そして後に行われるもので、まさにコンピテンシーベース学習といえるものです。

　技術的な作業計画の各ステップ（もしくは一連のステップ）では、何が起こっているか、なぜそれを行う価値があるのか、そしてどのような成果が期待されているかを説明すべきです。これらのステップは、主要なステークホルダとのコミュニケーションを継続する流れを生み出すことを意図しています。何が起こっているか、そして彼らはそれから何を得ているかを把握し続けるためです。最初のコミュニケーションはうまくいくことが多いのですが、その後はそうした機会が少なくなるか、場合によってはコミュニケーションを取らなくなってしまうことがあります。大まかな経験則として、90日〜100日の間隔ごとに、鍵をにぎっている支持者と（願わくば良い成果のニュースとともに）コンタクトを取ることを勧めます。

情報の流通 — 誰が、いつ、何を

　コミュニケーション計画の各ステップでは、誰が何をするかを明確にしていきましょう。誰がメッセージの送信を始めるか？　誰が承認するか？　いつ、どんな方法を介して、誰に対して、そして、どのような望まれる成果とともに、これらのメッセージは伝えていけばよいか？

　コミュニケーション計画がお粗末だと、適切な人から連絡が来る前に、関係者にうわさ話として先に伝わってしまうことになります。人づてで伝わるうわさの情報は、親しい仲間の情報経路で伝わり、そして、懸念に思ったり、億劫に感じたりする方向に向かってしまいます。コミュニケーション計画がしっかりしたものであると、人づてに伝わるのと同じくらい速く、オフィシャルなメッセージを受け取ることができます。そのため、提起されるどんな質問にも24時間以内に経営者が回答することを求められるような、インライン・サービスやメッセージボードの設置を検討することは価値をもたらす場合もあります。伝え聞くうわさに恐れ退くのではなく、人々が正しい情報を得るための道筋を提供します。また、それは懸案事項を明るみにし、対処

第6章　コンピテンシーベース・アプローチに関するコミュニケーション

することができるよう、予知するための情報アンテナを必要とします。早期
警戒システムといってもよいでしょう。多様なメンバーによる運営委員会で
は、「街の噂」に対して警告することができます。

　効果的なコミュニケーション戦略は、単なるウェブサイトや「タウンホー
ルミーティング」のようなマスメディアによるコミュニケーションを超えて
います。それらは重要ですが十分ではありません。コンピテンシーベース学
習の取り組みを開始する人々は、次のコミュニケーションについて考慮する
必要があるでしょう。

▶ 対面販売や、マネージャーや従業員との１対１のミーティングのような
　個別コミュニケーション
▶ コンピテンシーベース学習を推進する各部門の人事代表者が集まるよ
　うなグループコミュニケーション
▶ コンピテンシーベース学習とは何か、そして人々はどのようにそこから
　利点を獲得するかを表現したオンラインビデオのようなマス・コミュニ
　ケーション
▶ 組織が発行した既存のコミュニケーションが組み込まれている統合コ
　ミュニケーション。従業員ハンドブック、オンボーディングプログラム、
　組織的に主催された研修といったコンピテンシーベース学習について
　提供される情報を確保するためのもの

ステップ5：計画を実行する

　優れたコミュニケーションは１回限りの努力では成り立ちません。それは
持続して取り組んでいく必要があります。継続したコミュニケーションプロ
グラムがないと、さまざまなネガティブな結果が起こる可能性があります。
もし大規模な変更や調整が既存のプロセスにおいて発生し、それに対してき
ちんとした十分な検討がされていないとすると、主要なステークホルダから
警告を受けたり、彼らを苛立たせたりしてしまうことになるでしょう。関与
が少ない他の人たちは、コンピテンシーベース学習に関心をなくし、「一過
性のもの」として否定するかもしれません。それ以外の残りの人たちは、や

97

がてコンピテンシーベース学習は一過性のものであることが表面化するだろうといううわさを信じ始めます。時が経てば、その取り組みは崩壊し、心地良いよく知ったところの古い習慣に戻っていくでしょう。このため、コミュニケーションは継続されなければならないのです。統合コミュニケーションは、この趣旨において特に重要です。コンピテンシーベース学習についての適切なメッセージが組み込まれているかどうかについて、すべての公式情報経路とメッセージにおいて確認すべきです。経営会議での話題に持ち出す方法を探し、なぜ取り組みを始めたのか、その理由を確認し、組織や各ステークホルダのグループに向けて、取り組みによってどのような結果を得られるかを公表していきましょう。

ステップ6：コミュニケーション方法の効果性について評価する

　コミュニケーションに対する取り組みの効果性を評価する方法について考えていきます。もちろん、いくつかの方法があります。もしあなたが運営委員会やアドバイザリー委員会を設置したなら、異なる部門や拠点ではどのようにプログラムが受け止められているかについて、公式な情報ではないにしても提供してもらうことはとても役に立つでしょう。同様に、プロセスの実行に関係するほとんどの人（たとえば、トレーニング、組織開発および組織効果性、人事、その他）にインタビューしたり、彼らがもっている疑問やステークホルダとのインタラクションについて話をしてもらうこともできるでしょう。また簡単な意識調査やフォーカス・グループを利用することができます。ステークホルダがプログラムとコミュニケーションについて評価したり（1〜5個の星でマークする）、自由記述でのコメントを書き込めたりするような評価システムを利用したほうがよいかもしれません。

　こうしたデータ収集の方法を取り入れていくと、コンピテンシーベース・トレーニングに対する現在の反応だけではなく、コミュニケーション手段への反応をも測定することができます。

コンピテンシーベース学習に取り組む期間における コミュニケーション

　コンピテンシーベース学習の導入においては、正しく実施していくことが求められます。具体的には、本章で示した6つのステップを体系的に実施してくことです。共通して生じる間違いは、最初の一度限りのコミュニケーションによって、必要とする内容のすべてを賄えると考えてしまうことです。それはまったくもって効果的ではありません。

　コンピテンシーを定めていく各プロジェクトで、ターゲットグループや直属の上司とともに開催されるキックオフミーティングにおいて、学習プロフェッショナルはプロジェクトでの結果をどのように活用するか、また、なぜその取り組みが組織にとって重要なのかについてきちっと説明するべきです。個別ミーティングは、批判を表明する人たちの懸念事項は何かを明らかにし、疑問に答えていくためのもので、実施することは不可欠です。コンピテンシーモデルに基づいて個々人を評価するとき、学習プロフェッショナルは、個人に対して事前にその取り組みについて説明をし、評価結果に基づいてアドバイスをします。その際、学習プロフェッショナルは、個人の能力開発計画で焦点を当てる必要のある能力開発ニーズについて、個人が自信をもつように働きかけなければなりません。上級管理職は、高い潜在能力を開発する視点から進捗状況を確認するために、定期的にミーティングを開催すべきです。そのミーティングでは、誰が昇進可能なレベルにいて、かつ現在の職務において少なくとも適切なレベルで仕事を行っているかということを確認します。

　各ステップでは、ステークホルダは組織がなぜコンピテンシーモデルの導入を決断したのか、それらは戦略的ビジネス目標にどのように関連しているか、そして、どのような結果が得られるかを思い返す必要があります。経過についての継続な追跡とコミュニケーションを続けていくことを怠ってしまうと、ステークホルダは取り組みについて忘れてしまい、肩入れすることも簡単に薄れていってしまうでしょう。これらの問題についてブレーンストーミングを進めていく上で、例示6－3のアクティビティを活用し、考え方の整理に役立ててください。

例示6-3　コンピテンシーベース・トレーニングに留意し続けること

【実施方法】コンピテンシーベース・トレーニングとコンピテンシーベース学習に対する注目を維持し続けるための方法を、ブレーンストーミングで構築していく上で、このワークシートを活用してみてください。左側の列に各質問を記述しています。右側の列に回答してみてください。他者を巻き込むためにスタッフミーティングでこのワークシートを活用することも可能です。

質問： 継続的なコンピテンシーベース・トレーニングおよび学習への取り組みに関する情報を、どのように組織は伝えていくべきでしょうか？　考えてみてください。	回答
1. コンピテンシー構築の取り組みにおける中核メンバーは誰ですか？	
2. 何が実施されていますか？	
3. いつ成果が現れてきますか？	
4. どこで成果が現れてきますか？	
5. なぜその成果は注目に値するものなのでしょうか？	
6. 組織はどのようにして、継続的な制度として、コンピテンシーを構築していますか？	

実践に向けて

この章では、トレーニングと学習におけるコンピテンシーベース・アプローチによる導入と、その継続のためのコミュニケーションの重要性について学びました。なぜコンピテンシーベース・トレーニングと学習を活用していくのか、それによってどのような成果が得られるのか、そして、なぜ組織はそれを活用し続けるべきなのかについて、ステークホルダに思い出し続けてもらうことが必要不可欠です。ほとんどのコンピテンシーベース・アプローチの失敗の原因は、コンピテンシーがうまく機能しないのではなく、人事や学習とパフォーマンスに関するプロフェッショナルたちが、取り組みについてステークホルダとコミュニケーションを継続することを忘れてしまうためです。以下の質問について、あなたの考えを説明し

てみてください。

1. あなたは、マネージャーに対する説明会の開催を頼まれています。内容はコンピテンシーについて部下とコミュニケーションする方法です。説明会の概要を準備してください。

2. 組織のすべてのレベルの従業員向けに、コンピテンシーに関するトレーニングプコグラムの概要を準備してください。また、討論される主要な議題を示してください。

3. コンピテンシーベース・アプローチの取り組みが開始された後に、毎年の基準となるコンピテンシーに関する情報伝達方法を示していくプロジェクト計画を準備してください。どんな議題が討論されるべきですか？　どんな成果を表すべきですか？

第7章

学習を導き出すためのコンピテンシー活用
—アプリケーションガイド

この章の内容
この章では、以下について学びます。
- ▶ 自組織でのトレーニングと能力開発への取り組みのために、他で開発されたコンピテンシーモデルを用いる方法
- ▶ コンピテンシーモデルとマッチするように、既存のトレーニングを再構成する方法

　仕事場学習の専門家たちは、コンピテンシーを導入する際、2つの実行シナリオに直面することがあります。1つ目のシナリオは、他の誰か（コンサルティング会社、会社本部、または人材開発部門）によって開発され、完成したモデルを手渡された場合です。組織の将来的な学習成果を導くために、そこに記されたコンピテンシーを使ってみるようにと要請されます。このシナリオというのは、新しい研修コースを立ち上げるか、これまで誰も自組織では取り組んでこなかった能力開発を促すという経験について計画していくことを意味しています。

　一方、2つ目のシナリオは、すでに計画されているオンラインおよび集合コースなど、他の学習を促す経験と、コンピテンシーを関連づける場合です。個人の能力開発計画を準備する際に、個人と直属の上司が特定されたコンピテンシーギャップに関連する能力開発活動を探しやすくするために、能力開発リソースガイドを利用できるようにしていきます。もちろん、多くの学習

とパフォーマンスに関するプロフェッショナルたちは、両方のシナリオに対応できたほうがよいでしょう。

この章では、コンピテンシーベース学習の方法にフォーカスし、学習とパフォーマンスに関するプロフェッショナルたちが何をするべきか、そして、それをどのようにするべきかの手引き（ガイダンス）を提供します。上述した両方のシナリオをみていきましょう。

トレーニングと能力開発への取り組みのガイドとなるコンピテンシーモデルを活用する

トレーニングと能力開発への取り組みのガイドとなるコンピテンシーモデルを活用していく良い方法が、いくつかあります。しかし、一般的なアプローチは、コンピテンシーとコンピテンシーに関連する行動指標から取りかかります（それらが他の出所から提供されたならば）。コンピテンシーモデルの開発に携わらなかった学習とパフォーマンスに関するプロフェッショナルたちは、どうやってそれらのコンピテンシーが開発されたのかについて、いくつも手厳しい質問をしたいことでしょう。

既存のリソースを評価する

どんな能力開発リソース（トレーニング・メディアならびにスタッフを含む）が利用できるか、そして、それらのリソースを組織としての学習ニーズである特定されたコンピテンシーに適合するために、どうやって機能させていけばよいかについて評価することが必要です。

プロフェッショナルとして、従業員を助けるために、潜在的な能力開発リソースに対して非常に広い視野で捉えることをお勧めします。能力開発リソースは、人々がコンピテンシーを構築するのを助ける、さまざまなものが該当します。以下にリソースとしてのいくつかの列を示します。

▶ 論文（記事）または書籍

104

第 7 章　学習を導き出すためのコンピテンシー活用　—アプリケーションガイド

▶ ビデオと DVD
▶ 録音テープと Podcast
▶ 内部のトレーニングコース
▶ 外部のトレーニングコース
▶ 会議
▶ ウェブサイト
▶ 適切な行動を示すことができる組織内の人々
▶ 実践共同体（CoP）、または役に立つ情報を提供することができる利益団体
▶ ナレッジマネジメントに関するデータベース
▶ コンピテンシーを構築するにふさわしい自組織内にある業務課題（work assignmer.ts）
▶ ガイダンスを提供するパフォーマンス支援情報システム
▶ コーチングまたはメンタリングのプログラム

　もし重要なコンピテンシーに対応する能力開発リソースが存在しなければ、または、自組織にあるコンピテンシー・ライブラリーの中にコンピテンシーにひもづくリソースが存在しないのならば、ある程度探すことが必要となるでしょう。この作業には時間がかかることがあるため、業務請負で外部の専門家を雇う組織もあります。

　たしかに、能力開発リソースは、コンピテンシーを形づくるものであり、コンピテンシーに基づく行動を引き出すものではあります。しかし、コンピテンシーおよびコンピテンシーに基づく行動と、こうした能力開発リソースとを連携させることは、厳密な科学的手法に基づいて行うものではありません。異なったレベルのコンピテンシーに対応できるよう、それにふさわしい能力開発リソースを見極め、分類していくことによって、付加価値を見出す必要があることを覚えておいてください。言い換えると、ある能力開発リソースは初心者にとっては適しているかもしれませんが、熟達者にとっては別の能力開発リソースのほうが適しているかもしれないということです。たとえば、「交渉スキル」が構築すべきコンピテンシーであるのなら、信頼のおける能力開発リソースから入手可能な評判の良い論文や書籍を探すかもしれま

105

せん。ハーバード・ビジネス・レビュー、ウォールストリートジャーナルなどや書籍に掲載されている論文は、適切なものと容認されるレベルのものかもしれません。しかし、プロフェッショナルとしては、それらの関連性と適切さを吟味する必要があります。それぞれの能力開発リソースがどのくらい高度なのかを決定し、出来る限りすべてのコンピテンシーレベルに応じたリソースを提供してください。ただそうであっても、品質のわからない能力開発リソースをたくさん用意するよりも、一流とされる能力開発リソースを2～3選ぶほうがよいでしょう。

考えるヒント

指定されたコンピテンシーに対する適切な能力開発リソースや行動指標の一覧と、コンピテンシーから生み出される仕事のアウトプットとの関連性を、どのようにして明確にしていけばよいでしょうか？

望ましい成果に向けてコンピテンシーの開発リソースと行動指標をひもづける

ぞれぞれのコンピテンシーとの関連がある行動指標に特に結びつく開発リソースを探すことは、一般的なコンピテンシー記述にひもづけることよりも実益が多い場合があります。行動記述は、ハイパフォーマーが行っていることを、つまりは他者が効果的にコンピテンシーを実行できることを明確に定義しようとしたものです。行動指標は、本当に重要であることにフォーカスしており、あまり影響がないような能力開発プログラムに時間を無駄に使ってしまうことを避けるのに役立ちます。

たとえば、コンピテンシーが「顧客志向」だとして思い描いてみましょう。コンピテンシーにひもづく1つの行動指標として、「組織が提供するサービスに対する満足度について、顧客からのフィードバックを確保する方法を構築する」といったものが挙げられるとします。関連づけられる能力開発リソースは、この行動記述や他の特定された行動指標の内容と合致していて、学習者がその内容に沿って行動することを助けるものになっているべきです。

一般的なリソース（たとえばトレーニングコースのデータベース、または

第7章　学習を導き出すためのコンピテンシー活用 ―アプリケーションガイド

一般的な書籍や論文からもってくる資源）よりも、組織内で設計・実施されるトレーニングやベンダーによってカスタマイズされたトレーニングのほうが、よりコンピテンシーに関連した特定の行動指標を引き出すことができるでしょう。このことは、もし行動指標がトレーニングの設計や開発段階で具体的に使われるならば、とりわけ確かなことといえます。

　たとえば、組織の学習とパフォーマンスのスタッフが、「顧客志向」のためのコンピテンシーを構築するために、中間管理者用のコースを開発することを課せられたとします。一般的には、4〜6つの行動指標を作成します。もし、異なるレベル（たとえば一般従業員、監督者と上級幹部）に応じた異なる指標をつくるのであれば、もっと多くの行動指標を作成します。たとえば、以下の2つの行動指標がコンピテンシーにひもづけられたとします。

▶ 組織が提供するサービスに対する満足度について、顧客からのフィードバックを確保する方法を確立する
▶ 顧客の視点からサービスを見て、顧客に共感する

　これら2つが、トレーニングコースによって高められるコンピテンシーに対する行動指標であるならば、学習とパフォーマンスに関するプロフェッショナルは、トレーニングの参加者がこれらの行動を示し、維持できることを確実にするために、教授目標とアセスメント方法、そしてフォローアップの活動を確立していく必要があります。たとえば、顧客からのフィードバックを評価する有効かつ実践的な方法を学ぶことが、たぶん教授目標となるでしょう。この場合、参加者は、筆記による知識テストよりはむしろ、経験を伴う活動（たとえばロールプレイ）によって評価されるでしょう。また、オフサイトの集合研修からの学びを現場においてうまく転移できるよう手助けするために、現場のマネージャーと協力して、彼らに現場に戻ってからの任務を割り当てることを依頼することも可能です。

107

既存のトレーニングをコンピテンシーモデルと関連づける

学習とパフォーマンスに関するプロフェッショナルたちが、時々直面するもう１つのチャレンジは、第三者（たとえばベンダー、会社本部またはHR部門）から引き渡されたコンピテンシー・ライブラリーと、オンライン学習や集合研修コースのような既存のトレーニング内容とを関連づけることです。このことは、新しいコンピテンシーのフレームワークに既存のトレーニングを適応させることが焦点であり、前節までのチャレンジの背景にあるシナリオとは異なります。

このチャレンジに対処すべく、以下のことを実行することを推奨します。

ステップ１

コンピテンシーベース・トーニングの価値を最大化するために、さまざまなトレーニングの中から受講者が賢い選択ができるように、以下の情報とフォーマットを用いて、すべてのトレーニング内容を準備してください。

▶ 能力開発プログラムの全体目的：望まれる高いレベルとして、トレーニングの結果、参加者はどんなことができるようになるか？　また、組織ミッションや戦略目標を達成するのにどう役立つのか？　要するに、このトレーニングを受けることは、なぜ重要なのか？
▶ 教授目標：どんなコンピテンシーと行動が含まれているか？
▶ 能力開発プログラムの概略
▶ トレーニングの対象となるグループのアイデンティティ（どんな必要条件でも含む）
▶ トレーニングを提供する方法
▶ トレーニング結果を評価する方法

これら情報の多くは、既存のコース記述にあるものを利用できるでしょう。しかし、それでも足りない情報は出てくるものです。たとえば、「組織ミッションまたは戦略目標を達成することとトレーニングとは、どう関連するのか？」に関する情報などが足りないかもしれません。もしすべてのトレーニ

第7章　学習を導き出すためのコンピテンシー活用　―アプリケーションガイド

ング経験に関して、完全な情報が手に入らない場合は、上述の質問への回答文として更新することが必要になるでしょう。

ステップ2

　既存のトレーニング内容に、コンピテンシー・ライブラリーおよびコンピテンシーモデルにあるコンピテンシーと行動とを関連づけてください。上記したように、参加者がトレーニングプログラムを完了したときに、どの特定のコンピテンシーと行動が関連しているのかを明確にすることが重要です。トレーニングは従業員を評価またはアセスメントするのに用いられるものと同じパフォーマンス・スケールで2回評価されなければなりません。最初の評価は、トレーニングを受ける前にコンピテンシーレベルを測るために行われます。そして、2回目は平均的な学習者がトレーニングを修了した際のレベルを測ります。

　たとえば、「顧客志向」における特定のトレーニング教材は、受講にあたっての知識の前提条件がレベルとして1、そして、トレーニング終了後では平均的結果としてレベル2を想定して、測定されるかもしれません。具体的には、以下のようなトレーニング・スケールが使用されるでしょう。

1. **初心者**：専門知識は低レベルで、このコンピテンシーと関連した行動を発揮することは滅多にないか、まったく発揮できない。
2. **見習い**：比較的単純な状況であれば、このコンピテンシーをうまく発揮することができる。一貫性と専門知識を増やすことによって、スキルをさらに改善することができる。
3. **一人前**：高水準でこのコンピテンシーを発揮できる。一般的な状況でうまくこのコンピテンシーを発揮できる。専門知識を増やすことによって、さらに良くすることができる。
4. **上級者**：非常に高い技量水準で、このコンピテンシーを発揮する。優れたレベルの技量が必要とされる状況下で、このコンピテンシーをうまく適用することができる。このコンピテンシーにひもづいた行動によって、他者を手助けすることができる。
5. **熟達者**：最も複雑な状況においてもこのコンピテンシーをうまく適用で

109

きる。このコンピテンシーのすべての要素において非の打ち所がないほどに優れている。他者にとっての役割モデルとして位置づけられる。この人たちは、非常に高いレベルで職務を遂行することが、いつでもできる。

トレーニングに特化した行動の例示として、この5つのレベルを説明に用いると、さらに役に立ちます。

こうした数値評定を用いることで、受講が見込まれる参加者と彼らの直属上司らは、トレーニングが適切かどうかの評価について非常にやりやすくなります。トレーニングによって、参加者を必要とするレベルまで引き上げられるでしょうか？　または、少なくとも彼らをその方向に向かわせることはできるでしょうか？　それは、レベルとして高すぎたり、低すぎたりしていないでしょうか？　あるトレーニングを受ける機会と他のトレーニングとを比較したときの相対的なメリットは何でしょうか？　トレーニングについての数値評定を行うことで、こうした問いに答えることができます。時間とコストがいろいろなトレーニングの機会に結びついていると仮定すれば、相対的な費用対効果を測定することさえできるでしょう。

ステップ3

対象グループに対して適用されるコンピテンシーモデルの行動指標と、ステップ2で指定した既存のトレーニングコースによって引き出される行動とをひもづけていきます。ここでは双方の共通点を見つけていくだけでなく、相違点もはっきりとさせましょう。

たとえば、コンピテンシーが「顧客サービススキル」で、そのモデルにおける行動が「顧客に微笑みかける」ことであると思ってください。顧客サービススキルのコンピテンシーを身につけるトレーニングプログラムが開発されるならば、そのプログラムには「顧客に微笑みかける」ことの重要性を学習者に伝える内容を備えている必要があるでしょう。学習者は、顧客に対して微笑みかけることをロールプレイで実際にやってみて、それを何回行っていたかをオブザーバーが数えることがあってもよいでしょう。

第7章　学習を導き出すためのコンピテンシー活用　—アプリケーションガイド

ステップ4

　トレーニング内容に対して、関連するコンピテンシーと行動とを変えるべきかどうか決めていきます。第一に、既存のトレーニング教材を評価します。本筋からずれた情報は削除していく一方で、重要な行動へ着目した新しいトレーニング内容を追加することで、よりよいものにしていきます。第二には、新しいトレーニングリソースを、提供する対象範囲を補強するものとして追加していきます。組織全体で広く使われていて、成功要因として極めて重要であるコンピテンシーのための教材を開発していくことに注力することは、賢い方法です。たとえば、組織は自社のコア・コンピテンシーを高めるために、より多くのトレーニングリソースを明確にしておきたいと思うでしょう。そのコア・コンピテンシーとは、定義上すべての従業員に必要とされるもので、組織的成功にとって極めて重大なものです。加えて、そうしたトレーニングリソースが、初心者から上級者まで、コンピテンシーの全範囲でトレーニングに使えることが確実となれば、組織にとっては利益になります。個々人の学びの好みやスタイル、遠隔地に駐在する社員のような異なるトレーニング環境などに応じて、さまざまなトレーニングのタイプ（集合研修、出版物など）をもつことも、利益となります。最後に、特定のコンピテンシーに対してトレーニングが適切であったかどうか見直すことが大事です。たとえば、プレゼンテーションスキルを強化する必要がある人は、その話題に関する書籍を読むことよりも、経験学習スタイルのトレーニングを受けることが最適かもしれません。

まとめ —事例—

　以降に挙げるシンプルな事例は、既存のトレーニングにコンピテンシーを関連づけていく４つのステップによるプロセスの導入を理解するのに役立ちます。会社が「従業員のエンゲージメントを高める」トレーニングプログラムを提供する場合を考えてみましょう。このコースの目的は、対象グループとなる監督者が、従業員のエンゲージメントの基本を理解し、働く人を引きつけるような職場風土を自分たちの力で構築できるようにすることです。この

111

コースで提示された教授目標は、参加者が以下に挙げることを確実にできるようにすることです。

▶「エンゲージメント」とは何かについて定義する
▶ 監督者が魅力ある職場風土を構築するために、キーとなる3つの行動を記述する

教授目標に基づくコース概略は、例示7-1を参照してください。

例示7-1　従業員エンゲージメントコースの概略

I. 導入
- ・コースの目的
- ・コースの目標
- ・コース概要と構成
- ・アイスブレーク
- ・アイスブレークの振り返り

II.「エンゲージメント」を定義する
- ・エンゲージメントについての先行研究での定義
- ・自分たちによる「エンゲージメント」の定義を検討するための参加者の活動
- ・活動の振り返り

III. 引きつける職場風土を構築する
- ・信頼を獲得する：どうしたら信頼を獲得することができるか、あなたの考えをきちんと説明してください
- ・信頼を獲得するための活動
- ・活動の振り返り
- ・自信をつける：従業員がやったことに対してポジティブフィードバックを与える
- ・自信をつけるための活動
- ・活動の振り返り
- ・言いたいことが言える機会を従業員に与え、関心を向けてもらうためのアイデアを求める
- ・アイデアを求めるための活動
- ・活動の振り返り

IV. まとめ
- ・コースの総括
- ・学んだことを適用するのが難しいと思う障壁を特定する
- ・障壁を打ち破るための活動
- ・このコースの基本原則として現場への適用を計画する

第7章　学習を導き出すためのコンピテンシー活用　—アプリケーションガイド

　例示7-1における教授目標やコース概略といったものが相当漠然とした表現となっていることよりも、目標、コース内容、評価方法が、参加者から引き出されるいくつかの行動に、はっきりとひもづいているかどうかに注意を払ってください。しかし、このフォーマットで目標、概略と評価を設定することによって、ステップ1では重要なほとんどの問題に対応することになります。

　ステップ2として、コンピテンシーとそれに結びつく行動のレベルへと進みます。このトレーニングプログラムによって、どんな行動が参加者から引き出されるのでしょうか？　少なくとも「信頼を獲得する」「自信をつける」「アイデアを求める」といった行動は、取り上げられるでしょう。しかし、彼らが試してみるように教えられる特定の行動は、提供される情報からはあまり明白にはなっていません。そのため、トレーニング教材を吟味したり、集合研修を実際に受講してみたりして、参加者がどうやって行動するようにトレーニングが行われるかを正確に書き記す必要があるでしょう。

　ステップ3では、トレーニングプログラムの内容と、例示7-1に取り上げられている行動とを比較することが必要となります。たとえば、トレーニングを受講するための必要条件は、少なくともエンゲージメントを従業員に促すスキルをもっている個人（5段階スケールでのレベル3）であるといったことを、私たちは決めることができます。そして、そこに参加した平均的な人を、研修後に上級者（5段階スケールでのレベル4）として判断することができるかもしれません。さらには、教えられる行動を獲得することで、当該のトレーニングが教えるコンピテンシーを2つか3つ、あるいはもっと多くを追加して設定できるかもしれません。たとえば、このトレーニングが目標設定とパフォーマンス・フィードバックのスキルをもカバーしているかもしれません。このように、このトレーニングは、複数のコンピテンシーにひもづけることができます。

　最後のステップのアドバイスとして、トレーニング内容を認めるかどうか、修正する必要があるかどうか、あるいは、他の能力開発の方法を利用した、適切な新たな開発の必要性があるのかどうかを決定してください。

　もし、そのトレーニングが、会社のコンピテンシー・ライブラリーの中のどのコンピテンシーにもひもづかない行動を教えるものであるのなら、ある

113

いはコンピテンシーがどのコンピテンシーモデルのためにも選ばれないなら、次のどちらかの問題として捉えてください。

▶ コンピテンシーモデルが不完全である
▶ 当該トレーニングプログラムはまったく必要ない

　もし、そのトレーニングが明らかに重要なコンピテンシーに関連があるなら、トレーニング内容が、そのコンピテンシーと職務がうまくいくことに関連する行動を、どのくらい引き出すのかを判断しておきたいものです。答えが「効果性が認められる」なら、それ以上は何もしなくてよいでしょう。もし「あまり良い関係性ではない」ならば、コンピテンシーモデルで見られる行動指標に合わせていくように、トレーニングプログラムを修正しなければなりません。

　また、既存のトレーニングが重要なコンピテンシーや行動に関連がある場合であっても、他のトレーニングが現在のニーズにもっと適している可能性があります。たとえば、既存の集合研修よりもeラーニングのほうが参加者には好まれるかもしれませんし、組織にとってはコストを押さえることができるかもしれません。また、既存のプログラムが3日間の形式である場合、参加者と監督者にとっては、業務から離れる期間が長過ぎるため、敬遠されることもあるでしょう。もし、最も重要な行動の情報を盛り込めるのであれば、重要な情報のほとんどを網羅した内容で、3日間コースを1日に短縮することもできるかもしれません。参加者からの評価もまた、重要な変革を導くものにするとよいでしょう。

　最後のまとめ：学習とパフォーマンスに関するプロフェッショナルは、トレーニングの参加者に適切な学習経験が提供されているか見直さなければなりません。もし、そうした経験が提供できているならば、多くの価値をもたらすことになるでしょう。例示7－1のプログラムにおいて、従業員のエンゲージメントを高めるトレーニングに関心が向けられるよう、監督者にも働きかけるべきでしょうか？　プログラムに参加する必要のある人に対してだけ、最初にコンピテンシー・アセスメントが行われるものなのでしょうか？たとえ、全員にメリットがあったとしても、異なるコンピテンシー（たとえ

114

ば予算管理やプロジェクト計画）に関するトレーニングのほうが、より多くのメリットがあるかもしれません。もし、従業員のコンピテンシーレベルが評価されなかったとすると、学習とパフォーマンスに関するプロフェッショナルは、どのようにして、すべての従業員にそのトレーニングが必要であると言い切れるのでしょうか？

事例研究：リーダーシップ開発プログラムを評価すること

導入

マニトバ州の巨大企業であるマニトバ・ロッテリーズ社（Manitoba Lotteries Corporation／以降 MLC）は、ウィニペグ市で、2つのカジノを所有・運営しています。また、その地方のビデオ・ロッティ・ターミナルネットワークを所有・運営しています。そして、マニトバにおけるブレーク・オープンチケットとビンゴ紙の独占的なサプライヤーであり、ウェスタン・カナダ・ロッテリー社（Western Canada Lottery）とインタープロビンシャル・ロッテリー社（Interprovincial Lottery）によって運営される宝くじのためのチケットを配布・販売しています。この組織は、行政区をまたぐポジションと、さまざまな場所でおよそ1900人の社員を雇用しています。（ヘイズ＜Hayes＞、2007 年）

背景

1990 年代半ばの MLC の急速な事業拡大の結果、組織内の多くの若い監督者とマネージャーたちが、ゲームに関する幅広い技術的な知識をもっているということが評価され、昇格しました。しかし、制度化されているマネジメント研修に一貫したものではなく、また、各部門の判断で行われていました。2000 年に着任した社長兼 CEO のウィンストン・ホジンズ（Wiston Hodgins）は、従業員の能力開発（特に優秀者に対してフォーカスを当てて支援するためのマネジメント開発）に新たに注力することを決め、役員主導

のマネジメント人材開発委員会が、この開発プロセスを取り仕切ることになりました。

例示7－2　リーダーシップ・ディメンジョン

コンピテンシー領域
- ・チームワークと協力
- ・戦略的なパフォーマンスの構築
- ・自己開発とイニシアチブ
- ・質の高い結果の完遂
- ・コーチングとコンピテンシー開発
- ・コミュニケーション
- ・ダイバーシティへの価値づけ
- ・カスタマーサービス
- ・誠実性と信頼性構築
- ・技術的・専門的知識
- ・統率

リーダーシップ・ディメンジョン・プログラムの概要

　組織のすべてのレベルで実施したニーズアセスメントに基づいて、4つのレベルのリーダーシップ（Dimensions in Leadership ／以降 DIL）プログラムが開発されました。レベル1と2は、2003年9月に導入が始まりました。DILプログラムは、(MLCで定めた)11のリーダーシップ・コンピテンシー(例示7－2参照）それぞれについて現状のスキルレベルを高めること、また、このプログラムを通してより強力なリーダーを育てることを目的に設計されました。MLCは、このことで競争力をアップできるともくろんでいました。調査した結果、強いリーダーシップは、従業員満足の増加、顧客満足の増加、収益の増加と関連することを確認しました。

　ニーズアセスメントから導かれた複数の強化対象領域に対して、DILプログラムは、より広範囲のマネージャーおよび監督者の能力開発フレームワークへと取り入れられました。MLCの4つの戦略的な強化対象領域は、顧客、人材、財務と業務プロセスです。これを背景として、プログラムではそれぞれのコンピテンシー領域を調べ、優れたリーダーシップには、これらのコン

第7章　学習を導き出すためのコンピテンシー活用　―アプリケーションガイド

ピテンシーが必要であることを示したのです。すべてのコースは、それぞ
れのコンピテンシーにひもづくスキル向上に向けて開発されました。内部の
SME（領域専門家）および外部の企業研修会社（アチーブ・グローバル社
＜ Achieve Global ＞）と、提携している2つの大学（ウィニペグ大学とネ
バダ・リノ大学）が協力して、これらのトレーニングコースが設計され、提
供されることになりました。レベル1～4のそれぞれの参加者は成功を収め
ることができました。さらにはレベル4の後にも、トレーニングを受けられ
る選択肢もありました。会社から発行されるマネジメント修了証に加えて、
ネバダ・リノ大学からはゲーミング・マネジメントに関する修了証が、ウィ
ニペグ大学からはマネジメントに関する修了証が発行されました。

トレーニングを実行する

2003年9月から2004年9月まで、合計14回に渡り、2週間のトレーニ
ング・セッション（レベル1と2）が、監督者とマネージャーを対象に実施
されました。これらは、11のDILコンピテンシー領域の開発と関連してい
ます。これらの14のセッションは組み合わされて、会社のすべての地域か
ら参加した合計258人のMLCの従業員に対して提供されました。執行役員
たちと同様に社長兼CEOも、完全にプログラムをサポートして、2日半の
プログラムでは積極的な役割を担ってもらい、従業員の能力開発計画をレビ
ューし、各セッションでは修了証を手渡すこともしました。

プログラムの評価プロセス

最初に立てたDILトレーニングの計画プロセスに、プログラム評価は組
み込まれていました。どのマネジメント・コンピテンシーの開発が関わって
いるか、あるいはどのビジネスインパクトに関わっているかの結論づけの
ために、データ収集計画が実施されました。評価プロセスのための事前計画
においては、広範囲のプログラム評価を完璧にするために必要となるデータ
を利用できるようにすることが重要なことでした。ドナルド・カークパトリ
ック（1994年）によって提唱された4段階評価モデルに基づいて、MLCの

117

DILトレーニングと個々の部門への影響を調べるために、４ステップの評価基準が開発されました。

それぞれの４つの評価基準は、評価されるプログラムの利点として区分された捉え方に沿っているものです。「反応」と「学習の成果」（レベル１と２）は、参加者が受講した際、トレーニングの品質とトレーニングにおける学習の程度を評価するのに用いられました。参加者の反応を測るためのアンケートは、出席したすべての参加者に対して、それぞれのトレーニングコースの終了直後に実施しました。シミュレーションとロールプレイにおけるインストラクターによる観察は、学習の成果で測るために用いました。

知識、スキルと職務に対する有益な態度の変容（レベル３）は、アクションプランと研修前後のコンピテンシー評価を用いて測定しました。トレーニングによるビジネスへの影響（レベル４）は、個々の部門や全組織において鍵となるパフォーマンス指標（Key Peformance Indicator ／以降 KPI）について、研修前後でモニタリングすることによって評価しました。

結果を判断すること

DILトレーニングに参加する前、それぞれの参加者は、コア・コンピテンシーの評定を終わらせておく必要がありました。参加者は、彼らのマネージャーの協力と合意に基づいて、11 のコア・コンピテンシーにおける現在のスキルレベルを測りました。マネージャーは１点〜４点、監督者は１点〜３点で、点数をつけます。また、参加者は、それぞれのスキルレベルとして、「開発途上（初級）」「中級」「上級」かについて、自分自身でも回答しました。３つのスキル達成水準を表すため１から３までの区分を使って、参加者には、彼らのスキルレベルとスキル達成水準に基づく得点が割り当てられました。マネージャーの最高得点は 3.99（または４）、監督者の最高得点は 2.99（または３）でした。 それぞれの参加者は、彼らの直属マネージャーとともにコア・コンピテンシーの再評価を完了した後、モニタリングのために組織開発部門に提出しました。

参加者満足度と学習の評価（レベル１）は、６つのエリアで開催されたそれぞれのワークショップにおいて、参加者アンケートを用いて行われました。

第7章 学習を導き出すためのコンピテンシー活用 ―アプリケーションガイド

満足度アンケートは、出席したすべての参加者によって各トレーニング・セッション終了直後に完了しました。インストラクターは疑似体験での業務活動とロールプレイをモニターしました。そして、どのコースにおいても参加者が獲得した知識、スキルと態度（レベル2）を確認して、職場でのパフォーマンスの改善（レベル3）の見込みを予測しました。個々人は、DILトレーニングを受講した12カ月後に、11のコンピテンシーにおける進展状況を評価するよう依頼されました。コンピテンシー得点の変化は、トレーニング前後の差異として計算されました。

アクションプラン（活動計画）

職場への新しい知識の転移は、参加者のアクションプランを用いることにより記録されました。それぞれの参加者は、行動変容をもたらす具体的なシグナルを示す計画を作成しました。アクションプランの作成は、2週間のトレーニング・セッションの最終日に課せられ、そして、そのプロセスは組織開発部門のメンバーによってモニターされました。

アクションプランの設計（それはフォーカスする重要な領域を選んで、パフォーマンスの指標を選ぶことが必要でした）は、MLCにすでにあった類似したパフォーマンスとアクションプランを用いて開発されました。その意図は、リーダーシップ開発のための継続的改善モデルを推進していく環境を醸成することでした。参加者は、彼らのマネージャーからの入力情報をもとにして、改善のための自分自身の重要な課題領域を選びます。彼らは、キー・コンピテンシーを明確にし、コンピテンシーについての学習や観察、測定方法を文書化していくプロセスを通して、支援やコーチングが提供されました。個々人は、間隔を空け3回（DILトレーニング終了の3カ月後、6カ月後、12カ月後）、行動変容の進捗状況を評価するよう求められました。

調査結果

すべての学習者が参加者アンケートに示したように、トレーニングは最初としては非常に好評でした。また、ワークショップは学習を効果的に促進さ

119

せ、自分たちの職位に関連した内容であったと、参加者たちは回答しています。プログラムの全14コースに対する全体的な品質評価は、5点満点で4.36から4.95でした。

　マネージャーでは、平均すると、11のすべてのコンピテンシー領域におけるスキルが向上したと回答しています。マネージャーで最も増加したとされた領域は、「コーチングとコンピテンシー開発」（+4.07％）で、次は「質の高い結果を成し遂げること」と「戦略的なパフォーマンスの構築」（どちらも、+2.77％）でした。一方、最も増加率が低かった領域は、「ダイバーシティへの価値づけ」（+1.47％）でした。

　監督者は、平均すると、11のすべてのコンピテンシーにおいて向上したと回答しています。監督者で最も向上した領域は、「戦略的なパフォーマンスの構築」（+6.48％）と「個人間のコミュニケーション」（+5.85％）でした。一方、最も向上率が低かった領域は「統率」（+3.70％）でした。

　一部の参加者については、研修後の得点が研修前の得点より低く報告されていました。これは、トレーニング前に直属上司と評定したスキルレベルが、実際はより低かったと再認識したことや、以前のスキルレベルをもとに再考し、再調整したという事実によるものだと考えられます。しかし全体として、コンピテンシーレベルは、マネージャーと監督者からは一貫して向上したと回答されました。

　監督者とマネージャーは、11のコンピテンシー領域からまんべんなく能力開発目標を選びました。その中でもさらに詳しく見てみると、最も選ばれなかったのが「戦略的なパフォーマンスの構築」の領域で、マネージャーからは8％、監督者からは6％程度の選択でした。トレーニングプログラムのビジネスへの影響を特定するため12カ月間のプログラム評価として、6つの組織のKPIが観察されることになりました。結果は、ビジネス活動において、組織の事業運営へポジティブで重要な影響を示しました。

　改善されたという統計データだけで、それがトレーニングのみによる効果であるとはいえませんが、DILトレーニングが組織を通して良いビジネスへ影響を及ぼした一因であったことを、経営層と参加者は明確にしています。この調査が行われた際、この組織では、これらの結果をさらにサポートすることができる従業員調査については、プロセスに組み込んでいませんでした。

まとめ

　DILプログラムは、組織のKPIに対してプラスの影響要因になっただけでなく、参加した258人の監督者とマネージャーのリーダーシップ・コンピテンシーに対しても、プラスの影響を及ぼす結果となりました。実際に、DILプログラムの参加者は、新しい集合研修で学んだことを支援体制の下で職務に生かし、またマネージャーと連携して新しい取り組みについて議論する機会をもてるようになるなど、価値あるコミュニケーションが実現したことをマネジメント開発委員会は認めています。経営陣が組織のKPIに基づいて評価することで、この新しい学びが裏付証拠となってきます。おそらくより重要なことは、DILプログラムが、能力においてリーダーとしての自信を高める機会を個人に提供できたことです。自信をつけたことで、個人が職場の中で向上したリーダーシップ・スキルを状況に適用していく助けとなりました。最後に、参加者によるDILプログラム成功のための鍵となる3つの重要な要因について述べます。

▶ 包括的なニーズアセスメントによって、ステークホルダには情報を入手する多くの機会が提供され、参加者と組織のニーズを明確に定義することになりました。この明確化されたニーズに沿って、プログラムは忠実に設計され、実行していきます。

▶ プログラムに先行して行った、効果的な情報交換を生み出した強固な評価プロセスによって、参加者はプログラムが始まる前にワクワクした期待感をもつようになりました。また、プログラム終了後も継続して学習することに関心をもち続けるようになりました。

▶ 計画段階における組織の幹部（マネジメント開発委員会）とプログラムの実行担当者（担当講師陣）による強力な支援と参画が、このプログラムに対する権威づけを決定し、チームをまとめていく上での重要な要素となりました。「DILはマネジメントスキルを改善するだけでなく、組織のすべてのレベルのつなぎ役となったことを、私たちは証明してきたのだ」と全社マーケティングと人材サービスを担当する副社長が述べてくれました。

出典：Organization Development Institute: Evaluating a Leadership Development Program by Judith Hayes, pp. 89–95, 2007.

最後に

学習とパフォーマンスに関するプロフェッショナルは、往々にして2つの難局に共通して直面します。

（1）他者によって開発されたコンピテンシーモデルを手渡され、それを使ってトレーニングリソースを開発するよう依頼される。

（2）既存のオンラインや集合研修のコースあるいは他の計画された学習経験を、コンピテンシーモデルに関連づけなければならない。

多くの学習とパフォーマンスに関するプロフェッショナルは、（1）と（2）の両方に対応しなければならないかもしれません。

考えるヒント

この章で紹介したコンピテンシー活用の基本プロセスとケーススタディで紹介した事例におけるプロセスとは、どの程度一致しているでしょうか？ あるいは、どのあたりが異なっているでしょうか？ もし異なるものだと思うのでしたら、コンピテンシーベース・トレーニングと学習に対する取り組み（アプローチ）を用いることの利点と欠点を説明してください。

前者の場面では、学習とパフォーマンスに関するプロフェッショナルは、学術的な正しさを求めるのではなく、コンピテンシーを構築し、行動を引き出すのに必要となる学習資源とコンピテンシーおよび行動との関係性を見つけていきます。それぞれの対象グループごとに、学習資源とコンピテンシーモデルの行動指標を確実に関連させながら進めていくことで、成功に導くことができます。旧来からの集合研修が、コンピテンシーを構築する方法として常にベストであるとか、唯一の方法であると決めてかからないことです。多くの他のアプローチを利用することも考慮しましょう。

2番目の場面では、学習とパフォーマンスに関するプロフェッショナルは、類似したフォーマットに沿ってすべてのトレーニング内容を比較することができるように、用意しなければなりません。そして、トレーニング内容と行動とをひもづけなければなりません。次に、既存のトレーニングコースから引き出した行動と、対象グループにふさわしいコンピテンシーモデルの行動指標とをひもづけなければなりません。最後に、さらにコンピテンシーモデルと連携するようトレーニング内容を改善する必要があるかどうか、また、

（トレーニング以外の）他のアプローチのほうが、コンピテンシーの構築や望ましい行動を引き出すためにより良いかどうかを決めなければなりません。

 実践に向けて
この章では、トレーニングとコンピテンシーおよび行動指標を関連づける方法、または、コンピテンシーおよび行動指標を、トレーニングに関連づけることの重要性について説明をしてきました。この章で学んだ考え方を職場で適用するために、以下の質問に答えてください。

1. ほとんどの成長は、職務において生じます。学習とパフォーマンスに関するプロフェッショナルは、職務上での仕事経験とコンピテンシーおよび行動指標をどのように関連づけるでしょうか？
2. この章で説明してきたアプローチよりも他に、数多くのコンピテンシーおよび行動指標とトレーニングを関連づける方法があるかもしれません。それを思いつくには、かなりの創造性が必要となるでしょう。コンピテンシーおよび行動指標とトレーニングを関連づける他の方法について思いつきましたか？

第8章

コンピテンシーベース・トレーニングと学習の将来

この章の内容
この章では、以下について学びます。
- コンピテンシーベース・トレーニングとコンピテンシーベース学習に関する10の将来予測
- 10の予測に付随する課題に対応するための事前準備についての考え方を整理する方法

　この章では、コンピテンシーベース・トレーニングとコンピテンシーベース学習の将来に関する10の予測について述べます。10の予測は以下のリストに挙げていますが、詳しくは後に説明します。将来、コンピテンシーベース学習は、

- さらに広く受け入れられる
- 模範的なパフォーマーと成功を導くパフォーマーとの違いについて、より一層フォーカスされる
- テクノロジーによってより使い勝手が良くなり、学習が促進される
- 学習プロセスに対して学習者自身の責任がより多く求められる
- コンピテンシーを構築する方法に関するより包括的な考え方が求められる
- 倫理やバリューに対する注目が高まり、それが後押しとなる
- HRマネジメントやパフォーマンスマネジメントの他の要素との統合が

進む

▶ 個人のコンピテンシーとの対応関係において、バランススコアカードの形式に書き記された組織の戦略目標との連携方法について、さらなる新しい考え方が求められる

▶ 評価に関する新しい考え方が必須となる

▶ 一般的なコンピテンシーと同様に、機能的あるいは技術的なコンピテンシーも注目される

予測1：コンピテンシーベース学習はさらに広く受け入れられる

　新しいものが、旧来からあるものに取って代わるのは難しいことです。他の分野でも起こっていることと同じように、これについては学習とパフォーマンスの分野にも当てはまります。トレーニングのニーズアセスメントは、伝統的に、業務分析、学習者分析、作業環境分析の3つにフォーカスしてきました。アセスメントの目的は、通常、業務がどのように行われ、誰がトレーニングに参加し（そして、彼らがトレーニングの項目に関して何をすでに知っているか）、学習者が学習したことをどこで適用するか（学習したことを職務に適用する際、作業条件がどのように影響するか）を見極めることです。

　しかし、近年の組織では新しい考え方が必要とされています。1つのやり方をすべてのことに適用させる時代は終わりました。従業員は、学びたいときに、学びたい場所で、トレーニングを選ぶことが増えてきています。コンピテンシーベース学習は、より小さく、そして再利用可能な単位で提供されるため、個別化した学習に対応することができるのです。すなわち、個々人にとって有意義な能力開発が生み出されるよう、非常に幅広い文脈を視野に入れているのです。

　コンピテンシーベース学習は、個人学習であるということ以上の意味合いをもっています。ニーズアセスメントでは、学習者グループのニーズにフォーカスする代わりに、より個々人に力点を置くことが求められます。かつては、すべての従業員に押しつけられていた組織が提供するトレーニングは、「羊

を消毒液に浸ける」トレーニングと揶揄されていました。コンピテンシーベース・トレーニングは、希少なトレーニングリソースを最も必要とする人に届けることで、多くの人が必要のないトレーニングを受けるのを回避することができます。

マネージャーと学習プロフェッショナルは、学習がさまざまな形式や文脈で起きることに気がつくようになります。業務から離れている時間、移動コスト、ウェブ会議のような代替手段、潜在的な危険（テロリスト、パンデミックなど）の理由で、職場から離れたトレーニングに従業員を送り出すことを嫌う傾向が増えています。さらに、コンピテンシーベース・トレーニングは、リーダシップトレーニングで証明されているように、生産性の面での改善につながります。また、コンピテンシーベース・トレーニングは、採用、選抜、パフォーマンスマネジメント、後継者育成計画、福利厚生などの他のHRのトレーニングと統合することが可能です。コンピテンシー開発は、組織戦略と結びついた組織能力に結びつけることができます。これらの理由から、著者は、コンピテンシーベース学習が爆発的に普及すると予測しています。

予測2: コンピテンシーベース学習では、模範的なパフォーマーと高業績を上げるパフォーマー（ハイパフォーマー）との違いに、よりフォーカスするようになる

ここで、模範的パフォーマーとハイパフォーマーとの違いを確認していきましょう。

模範的パフォーマーの指標：当該コンピテンシーを最も挑戦的な状況でうまく適用できる。他の人にとってのロールモデルとなり、助けが必要なときに頼れる人材として認められている。当該コンピテンシーのすべての要素において真に卓越しており、非常に高いコンピテンシーレベルで優れたパフォーマンスを発揮できる。

ハイパフォーマーの指標：顧客のニーズに合致した援助と役に立つ情報を進んで提供できる。顧客に正確な情報を提供するための適切な行動が取れる。顧客の課題を主体的に引き受け、問題を解決するための適切な段階を踏むこ

とができる。

　学習プロフェッショナルは、結果を示すことの重要性がより高まっていることを知っています。学習プログラムを簡単に信頼して提供する時代は過ぎ去りました。学習プロフェッショナルは、彼らの活動が改善につながっていくことを、進んで示さなければなりません。そのための1つの方法は、もちろん、高い生産性をもつ模範的パフォーマーと完全なハイパフォーマーとの違いの理由を見つけ出すことです。このためには違いを指し示せるコンピテンシーの研究が必要です。他者よりも生産的であることの理由を、個人差として説明することは多少は可能ですが、すべてを説明することはできません。また、いくつかのコンピテンシーは導入したり、選んだりすることはできたとしても、簡単には開発できません。重要な目標は、多くの従業員の生産性を最高のパフォーマーのレベルに近づけることです。

予測3: コンピテンシーベース学習は、テクノロジーによってより使い勝手が良くなり、学習が促進される

　コンピテンシーベース学習のアプリケーションは、テクノロジーによって使い勝手がより良くなってきます。トレーニング関連誌を多少読み、ウェブ検索を最小限に行うだけの学習実践者も、多くのベンダーや製品を利用できることに気づくでしょう。コンピテンシー学習のアプリケーションには、以下のようなプログラムが含まれます。

▶ コンピテンシーの特定
▶ コンピテンシーに結びついた行動に沿ったアセスメント
▶ パフォーマンスギャップと能力開発ギャップを踏まえてコンピテンシーを構築するための教材リソースのリスト
▶ 個人能力開発計画の記録とモニタリング
▶ 特別な課題や戦略的目標に立ち向かうために、組織において利用可能なコンピテンシーのインベントリ（そのため、瞬時に最適な人を見つけることができます）

第8章 コンピテンシーベース・トレーニングと学習の将来

▶ さまざまなモバイル機器を用いた分散学習
▶ 高いポテンシャル人材、上位パフォーマー、上位プロフェッショナルらのコンピテンシーを構築する方法に関する経営側の決定を追跡する
▶ 地域文化に適合するようなコンピテンシーのカスタマイズ化を容易にする
▶ コンピテンシーの構築に関する一連の活動の結果を評価するためのデータ収集

　コンピテンシー要件が明示され、コンピテンシーモデルがオンラインで従業員に提供されるようになると、テクノロジーによって個人のキャリアプランニングを促進することが可能になります。組織階層のレベル間のコンピテンシーの相違がマネージャーに提供され、個人がそのコンピテンシーに沿って評価されるようになると、後継者育成計画とタレントマネジメントがテクノロジーによって容易に実施できるようになります。
　コンピテンシーマップでは、異なる役割や異なる組織レベル、そして将来の要件事項に関するターゲットとなるコンピテンシーを映し出してくれます。これは、学習の領域においてますます一般的なものになってくるでしょう。あるコンピテンシーマップでは、今現在のポジションと将来の目指すべきポジションに向かうために何をしなければならないかを描き出します（または競争的な状況の変化を踏まえて現在の位置にとどまるために）。コンピテンシーマップは、将来に向けてあるいは組織内の他部署への異動に向けて、準備しておくべきことを容易に決められるようオンライン化されるでしょう。

予測4: コンピテンシーベース学習では、学習プロセスに対する学習者自身の責任がより多く求められる

　人間の知識が半減する期間は、確実に短くなっています。実際、大学を卒業するやいなや、自分の大半の知識がすでに時代遅れになってしまうことに気がつく時代がやってくるでしょう。ワールド・フューチャー・ソサイエティー

129

（World Future Society）では、専門知識を習得した途端にそれが時代遅れになってしまうと予測しています。

学習は、「科目」や「トピックス」、「コース」を教えることにフォーカスしてきたことから、人の学び方を学ぶトレーニングを中核に据えていくように変わらなくてはなりません。学習に対する敏しょうさ、つまりより速くより良く学ぶ力に、より注意を払わなくてはなりません。昇進の可能性が高く、また飛び抜けているパフォーマーとなる高いポテンシャルをもつ人材は、そうでない人よりもうまく学べることが、すでに実証されています。

予測5: コンピテンシーベース学習では、コンピテンシーを構築する方法に関するより包括的な考え方をが求められるようになる

マネージャーにどのように従業員を育てるかと尋ねてみてください。今でも「トレーニングコースを受講させる」といった答えが返ってくることでしょう。成長のほとんどは、職務において発生していること、そして教室やオンラインワークショップよりも、むしろ業務において成長は生じ、統合されているものであることを、マネージャーはいまだに理解していません。学習とパフォーマンスに関するプロフェッショナルが挑むべきことは、最も効果的な学習は職務においてリアルタイムに起こるということを、マネージャーに気づいてもらうことです。つまり、日常において、従業員がどのような人と接して、どのような上司をもち、そして、どのような課題が与えられ、どこで働き、どのような期限を迫られ、対処しているかという、すべてのことが学習に結びついているのです。

将来、コスト効率性の要求と結びついた学習ニーズが増加する時代の趨勢に、組織リーダーは乗らざるを得なくなり、直近と将来の課題に向けて、新しく、また、加速度的にまい進して取り組んでいくことになるでしょう。業務と学習はより入念に計画され、統合されるようになります。また、コンピテンシーに基づくことで、どのような学習が必要とされ、どのように測定されるかのガイダンスが可能になるでしょう。

予測6: 倫理やバリューに対する注目の高まりが、コンピテンシーベース学習の後押しとなる

　従来から、コンピテンシーは仕事の成果や生産性と結びついていました。しかし、エンコンに始まり、2008年から2009年にかけての金融危機のようにスキャンダルが途切れない状況では、従業員を採用・選抜・育成・査定する際の重要な基準に対して、これまでにない新鮮な見方をしていく必要性が高まってきます。コンピテンシーをパフォーマンスと連携させるだけで十分なのでしょうか？　あるいは、もっとバリュー（何が良くて何が悪いとみなすのか）と倫理（何が正しく何を不正とみなすのか）に注意を払うべきなのでしょうか？　私たちは、バリューと倫理の役割が将来もっと重要になるだろうと予測します。

予測7: コンピテンシーベース学習は、HRマネジメントや学習とパフォーマンスのすべての要素に関して、より創造的な考え方を要求する

　統合されたタレントマネジメントシステムに向けた現在の動向についてはすでに述べました。多くの先進的な組織で、コンピテンシーは、統合的なHRシステムの要素を組織化するための共通となる基盤にならざるを得なくなっています。すべてのHR活動の基盤として、職務タスクの概念を使ってきた代わりに、コンピテンシーの重要性が徐々に増しています。なぜなら、コンピテンシーは、成功するための学習やパフォーマンスの要素について、より統合的で正確に捉えることを容易にし、急速に変化していく世界により適合しやすいからです。（コンピテンシーを基盤として）タレントマネジメントと統合されることが標準になるだけでなく、学習へ重きを置く動きは、従業員の選抜、昇進、補充、解雇といった、すべてのHRの決定に埋め込まれるようになります。

予測8: コンピテンシーベース学習は、組織のバランスス コアカードと連携する

　組織の戦略的な目標と学習を整合させることは、学習とパフォーマンスに 関するプロフェッショナルにとって、従来から重要な目標でしたが、明らか にすることができた結びつきは弱いものばかりでした。しかし、これから結 びつきはより増えていき、目に見えるものにもなるでしょう。収益性で測定 される短期的な業績結果は、ストーリーの一部に過ぎません。学習は、バラ ンススコアカードで提唱される他の尺度と指針を当てはめるよう設計される でしょう。それは、(1)財務、(2)顧客、(3)ビジネスプロセス、(4)学習と 成長の4つの領域で組織の目標を確立するものです。このゴールは、短期お よび長期での結果を生み出すことで、競争優位性と組織の持続性を高めるも のです。いくつかの組織では、スコアカードのカテゴリーを創造的に刷新し ています。さらに、組織目標はすべての支社、部署そして個人へとより効果 的に落とし込まれます。組織リーダーは、組織のバランススコアカードの目 標の全要素を、個人のコンピテンシーと整合させます。このように、組織の 持続性と競争的成功のために、どのコンピテンシーが最も重要かが明確にな るのです。バランススコアカードと連携させることで、組織の成功に向けた 主要なパフォーマンスの要素は測定可能となり、また、継続的学習は戦略の 方程式の重要な部分となります。

予測9: コンピテンシーベース学習では、評価に関する新 しい考え方が必須となる

　従来の学習とパフォーマンスの評価方法として代表的なものは、ドナルド・ カークパトリックの4レベル、つまり反応、学習、行動、結果でした。または、 費用対効果(ROI)を追加したジャック・フィリップの5レベルもあります。 将来の課題は、能力開発プログラムに参加する個々人の評価から、トレーニ ングの参加者に対するグループ評価へと移っていきます。そして、個人の育 成が組織の結果にどのように貢献したかが評価されるようになります。結果

第8章　コンピテンシーベース・トレーニングと学習の将来

は、費用対効果ではなく、よりバランススコアカードにフォーカスするようになるでしょう。

予測10：コンピテンシーベース学習では、汎用コンピテンシーと同様に、機能的もしくは技術的なコンピテンシーにフォーカスされる

　多くの組織は、すでに汎用コンピテンシーを制度に取り入れており、階層レベルによってどのようなコンピテンシーの違いが存在するかを明確にしています。予測される退職の波に対して、人々が昇進に向けて準備するように、後継者育成計画とタレントマネジメントプログラムを適切に調整していくことが必要です。最終的には、フォーチュン500社のエクゼクティブの約4分の1が退職対象者となります。ダウンサイズの時代の後、昇進に対して用意ができていたミドルマネージャーはごく少数で、2008年から2009年の金融危機の際の縮小によって、問題はより鮮明になりました。

　しかし、焦点は移り変わっています。いよいよ退職となったとき、組織リーダーは、特に、エンジニアやマネジメント情報システム（MIS：Management Information Systems）プロフェショナル、HRプロフェッショナルなどといった技術労働者に必須となる技術力を失ってしまうことを、痛感することになるでしょう。彼らが退職するとき、彼らは組織に埋め込まれた記憶（過去に、なぜ、どのように決定が行われたのかという記憶）と、組織において最も重要な業務システムに関する（彼らの経験から得た）個人所有の知識を持ち去ります。ハイテク企業から技術者が退職すると何が起きるか考えてみてください。競争優位性を獲得し、それを維持する上で必要であった特殊技能知識は、何年もの年月を要する技術知識であるにもかかわらず、彼らはそれを持ち去っていくのです。

　そのため、多くの組織では、過去から得た知恵を捉えて、転移させていくための知識移転プログラムを立ち上げ始めています。その1つの方法は技術的もしくは機能的コンピテンシーにフォーカスすることです。そして、将来においてそのニーズはグローバル化し、より強まっていくでしょう。

133

最後に

例示8−1に示したワークシートを使って、これらの予測から降り掛かってくるであろう課題に対峙する方法について、あなたと組織内の他のステークホルダの考えをまとめてみてください。また、このワークシートを使って、あなた自身の予測を示し、それらの課題に対処するための方法を考えてみてください。

例示8−1　将来的な課題を特定し記述する計画のワークシート

【実施方法】このワークシートを使って、あなた、そしてその他ステークホルダの考えをまとめてください。
　あなたの組織に影響を及ぼす、将来的に起こり得る課題へどう対応しますか。コンピテンシーモデルを踏まえて考えてください。そして、以下の左欄にあげられたトレンドごとに、あなたの組織はそのトレンドに対して特別に何をすべきか右欄に示してください。ワークシートの最下段に、あなたの組織に影響を及ぼす可能性がある起こり得る将来のトレンドと、あなたの組織がそれにどう対処するのかについて、あなた独自のアイデアを書き加えてください。

トレンド コンピテンシーベース学習は…	あなたの組織はそのトレンドに対して何をすべきか
1. もっと受け入れられるでしょう	
2. 模範的パフォーマーとハイパフォーマーとの違いにもっとフォーカスするでしょう	
3. テクノロジーによってすぐに使えるようになっているでしょう	
4. 学習者に対して、自分自身の学習プロセスにより責任をもつことを求めることになるでしょう	
5. コンピテンシーを構築する手法に関して、より包括的な考え方を求めることになるでしょう	
6. 倫理やバリューに対してもっと注意を払うようになるでしょう	

例示8-1　将来課題を特定し記述する計画のワークシート（続き）

トレンド コンピテンシーベース学習は…	あなたの組織はそのトレンドに対して何をすべきか
7. HRマネジメントや学習とパフォーマンスのすべての要素に関するより創造的な思考を要求するでしょう	
8. 個人のコンピテンシーと、バランススコアカードで表現された組織の戦略的な目標とのひもづけに関する新しい考え方が求められることになるでしょう	
9. 評価に関する新しい考え方が求められることになるでしょう	
10. 一般的なコンピテンシーを基盤として、機能的もしくは技術的コンピテンシーに、よりフォーカスすることになるでしょう。	
11. その他のトレンド（特定してください）	

実践に向けて

この章では、将来におけるコンピテンシーベース・トレーニングと学習について、いくつかの予測を示しました。この章で学んだことを適用していく上で次の質問に答えてください。

1. あなたの組織は、コンピテンシーベースという考え方をどのように導入しているでしょうか？　この章で示した将来の課題に組織が対処するための準備として、この導入のアプローチは役に立つものですか？
2. バランススコアカードは、コンピテンシーベース・トレーニングとコンピテンシーベース学習の評価にどのように適用できるでしょうか？

付録A

コンピテンシーベース・トレーニングに
関するFAQ

- -

　以降に掲載している質問を投げかけていただいたATDシカゴ支部の委員の方々に、著者一同感謝申し上げます。ここでは、学習とパフォーマンスに関するプロフェッショナルが、コンピテンシーベース学習へ取り組んでいこうとする際に疑問に思うことを集めて、FAQ形式にまとめました。

1. **70：20：10（OJT：ネットワーキング：公式トレーニング）の比率に関して、それぞれのコンピテンシーをどのアプローチで教えていくのがよいでしょうか？**

　ほとんどのコンピテンシーは3つのどのやり方を用いても教えることができますが、この3つのアプローチを組み合わせて教えることがより効果的です。たとえば、基礎的なプレゼンテーションスキルの場合、教室形式で教えることができます。少人数グループであれば、クラスの中で2人一組になって、お互いにプレゼンテーションをやらせてみてもよいでしょう。1年後に、経営層に対して意欲をかき立てるようなプレゼンテーションをするという課題に立ち向かわせるのもよいでしょう。また、コーチを用いて、勇気づけたり自信をもたせたりといった個別対応もできます。スピーチを構成する方法の個別指導も可能となるでしょう。

2. **コンピテンシーの向上に対して、「インフォーマル・トレーニング」はどのような役割を担うと考えればよいでしょうか？**

　インフォーマル・トレーニングは、コーチングやメンタリング、OJT、ソー

付録
A

137

シャルラーニング、協調学習など、新しい学習アプローチの幅を広げてくれます。70：20：10 の比率の観点に基づけば、学習の90％はインフォーマルなものであり、インフォーマル・ラーニング形式の学習がコンピテンシートレーニングにとっては第一義的なものだといえます。インフォーマル・ラーニングの1つの強みは、個々のニーズに対応するために組み替えが可能なことです。いつでも、少しずつでも、一気にでも学ぶことができ、また持ち歩くこともできます。インフォーマル・ラーニングは、コンピテンシー開発のさまざまな個別のニーズに対して効果的です。たとえば、特別な手助けが必要な人を支援する場合、抜群に高いレベルでコンピテンシーを発揮しなければならない人の場合、専門的な内容で対象者が少人数のため従来式トレーニングではとても高くついてしまう場合などでは、コーチングが非常に効果的です。また、コンピテンシー開発において、フォーマル・ラーニングを実施した後にインフォーマル・ラーニングを組み合わせることは、従来型の学習では獲得しにくかった「秘訣」や暗黙知の理解を促すことができるので有効です。

3. **コンピテンシーベース・トレーニングは、何に効果があるのですか？　ギャップを埋めることですか、それとも強みを伸ばすことですか？　それぞれに対する優位な点は何ですか？**

この問いに対する答えは、論議がつきないものです。間違わずに答えるのであれば、「場合に応じて」としか答えられません。ある人が新しい職位に就任した場合、あるいは、現在の職位で業務の拡大があった場合、通常は何らかのコンピテンシーの成長が要求されます。一般従業員だった人が監督者に異動することはわかりやすい例の1つです。もし新しいコンピテンシーを育成できなければ、将来の成功を見込むことはできなくなります。一方で、すでにその職位に必要なコンピテンシーを備えている人は、強みを伸ばすことにフォーカスするのがよいでしょう。たとえばあなたは、自己管理スキルは欠如しているものの、人との協働では光るものをもっているソフトウェア開発者を抱えていたとします。その従業員の協働スキルを育成し続けることは良い判断といえるでしょう。

付録A　コンピテンシーベース・トレーニングに関するＦＡＱ

4. **産業による違い、または公的組織か民間企業かの違いによって、コンピテンシーベース・トレーニングも変わってきますか？**

ATDや他の研究グループによると、業種によってトレーニングにかける投資額はかなり異なってきます。一般的に、製造業は最も投資額が多くなっています。一方、最も投資額が少ない傾向にあるのは、政府機関や小売業です。研究ではこれらの違いが存在することを指摘していますが、なぜそうなるのかについてはまだ議論の余地があります。国によっても違いがあると思いますが、米国での歴史的な見方としては、民間企業のほうが、政府機関よりも、効率よく業務を行っていることが１つの理由として挙げられます。もう１つ別の理由では、サービス業より製造業のほうが投資に対するリターンが形として把握しやすいためだとも考えられています。どんなケースであろうと、コンピテンシーベース・トレーニングは、これまで最もトレーニングに価値を置いてきた産業で、まずは採用されていくでしょうし、次に、人に関わる課題への投資があまり多くない傾向にある政府や小売業などにおいて、採用されていくでしょう。

5. **コンピテンシー開発はどう測定したらよいでしょう？　進捗中の追跡はどうしたよいでしょうか？**

いくつかの方法を挙げてみましょう。多くの場合、コンピテンシー開発は初心者から専門家までの範囲に対応する１つの評価尺度を用います。自分自身と監督者が評価を行いますが、同僚や直属の部下など、他者も加わることができます。測定可能な形で発揮したコンピテンシーを文書にして、認定することも増えてきています。テストやアセスメント・センター、ポートフォリオ、審査委員会、成果評価といった従来のアセスメント方法すべてにおいて、コンピテンシー開発を測定することができます。

6. **コンピテンシーの開発は、特定の個人や特定の職位、あるいはその双方に対応するよう設計しないといけないのでしょうか？　もし特定の職位に対応させるのであれば、異なるスキルセットをもっている個人をどう**

139

取り扱ったらよいのでしょうか？　たとえば、優れた文書化スキルをもった大卒従業員と、学歴はともかく多くの経験をもった人がいた場合は？
ほとんどのコンピテンシー開発は個別対応となります。従来の考え方では、現状の組織図内の職位（たとえば、経営層か管理職か監督職か）に必要とされるコンピテンシーモデルと、個人の現在のコンピテンシーレベルとを比較します。そこで不足がある場合は、これをパフォーマンスギャップと呼んでいます。一方、より高いレベルの責任やより高い技術能力と、個々のコンピテンシーを比較することを能力開発ギャップと呼んでいます。通常、どちらかまたは両方のギャップを縮小するように、個人能力開発計画はつくられていきます。

7. ある個人に適したコンピテンシーを開発しようとしたら、いつが決め時でしょうか（特に、開発に多くの時間や手間がかかってしまう場合）？　また、職務要求に関連した汎用コンピテンシーをすでに保有している人に対して育成に取りかかろうとした場合、いつがより良いのでしょうか？
この質問は、それ自体がまさに答えでもあります。あるコンピテンシーの開発に多くの時間がかかるということは、当該職務にはふさわしくない人であるという証明となります（"悪い人"はいないということを強調することは重要ですが、ある特定の職務にあまり"向いていない人"はいるのです）。一般的には、業務をうまくやっている人を見つけて、なぜ彼らがうまくできているのかを調べるのが賢明です。外見や対人スキル、学歴レベル、そして経験の程度などのように、概して職務インタビューで明らかになること以外が答えの場合もあります。たとえば、成果を上げることを熱望しているがゆえに、高いモチベーションをもち、他者をしのぐことができたということがあります。成功する人が業務で行っていることを観察し、描き出し、彼らの業務への取り組み方や何を重視しているかについて尋ねてみたりしてはどうでしょうか。

8. 能力開発計画の効果を決定づける重要な構成要素は何ですか？
効果的な能力開発計画では、まず最も優先順位の高い能力開発は何かを正確に見極めることから始めます。能力開発のためのアセスメントやパ

付録Ａ　コンピテンシーベース・トレーニングに関するＦＡＱ

フォーマンスレビューあるいはビジネス構想は、能力開発目標の優先順位づけを決めるのに役立ちます。能力開発の優先順位は、目標として計画の中に組み込まれます。能力開発目標は、目標を構成する典型的な要素（タイトル、説明、アクションステップ、成功の測定尺度、必要な支援）以外にも、ある特定のコンピテンシーや能力開発リソース（たとえば、コーチング、教室での授業、ｅラーニングなど）と連携している場合があります。

9. **必要とするコンピテンシーレベル（たとえば、一人前、上級者、熟達者）を決定していく方法は？**

一般的には、SME（領域専門家）からこれらの情報を提供してもらい、コンピテンシーモデルの中に組み込んでいきます。パフォーマンスの期待レベル（the Desired Peformance Level ／以降 DPL）はコンピテンシーの評価尺度（たとえば、初心者～熟達者）から選択します。ビジネス機能の視点からある複数の職務をグループ化し、そのグループに必要とされるレベルを評価しておくと、期待するパフォーマンスレベルの評価は、より客観的かつ効率的に実施できることがわかっています。たとえば、個人能力開発計画はすべてのマーケティング職位に対して、一斉に作成されます。

10. **従業員のキャリア計画のために不可欠となる基本ステップは何ですか？**

個人の役割の変化（特に拡大）を十分に考慮し計画立てるプロセスとして、キャリア計画を明確にしていきましょう。会社内の他の職位に対するものとともに、現在の職位に関連したコンピテンシー・アセスメントもすでに完了しているものとしましょう。このとき、このプロセスでは、従業員の仕事に対する自分の興味関心を明確にするような１つもしくは複数の測定方法を受けてもらいます。昨今、ほとんどの企業では、コンピュータプログラマーに芸術家とパン職人のどちらの職が適しているかを探るようなことはしません。一般的には、一人で行う仕事を好むのかグループで行う仕事を好むかどうかや、意思決定を自分でしていきたいと考えるかどうか、あるいはきっちり系統立った仕事がよいか曖昧

141

で系統立っていない仕事を好むかどうかなど、企業内での職務への興味関心を測定するアセスメントを行っています。どんな場所や部門で働きたいと考えているかなどの人口統計学的な要因に対する希望を明確にすることも有効です。次に、従業員には（コーチやオンラインツールに支援されて）個人的関心事とコンピテンシーとをマッチングさせながら職位を探してもらいます。また、従業員には、可能性のある職位についてできるだけ多くの追加情報（最低でも職務記述書）を提供します。そして、キャリアパスに取り入れたい職位かどうかを選んでもらいます。この時点で、個人能力開発計画の中に新しい役割への準備を始めるための能力開発目標が作成されます。

11. **多くの従業員は、新しい役割に移るためには何をしなければならないのかを理解していません。たとえば、秘書が郵便物管理室のマネージャーに向けて成長しようとした場合、あなたは、その部門に行くためのコンピテンシーやタスクとして、どのような道筋を描けばよいのでしょうか？**
コンピテンシーは、コンピテンシーモデルの中に描き出されているべきです。コンピテンシーモデルがまだ構築されていないのであれば、付録Ｂのコンピテンシーモデル開発を参照してください。もしあなたがタスクに個人を割り当てるのであれば、その役割に関する職務記述書（最新版になっていると想定して）がとても有効なものとなります。その際に、最も重要なタスクに焦点を当ててください（タスクにおける重要度と頻度を評価し、２つの数値を掛け合わせて重みづけ値を算出します）。次に、分析した結果を残しておきましょう。それは、次にまた他の誰かがその役割に異動したいと思ったときに、再度同じことをしないですむようにするためです。

12. **キャリアマネジメントに関する質問です。ある従業員の最善のキャリアパスについて異なった見解があるときは、どのように整合性を取っていったらよいでしょうか？　ある従業員に対して企業側が進んでほしいと考えるある方向と、その従業員本人は違った考えをもっていることがあります。お互い相いれなくなる可能性があります。**

付録A　コンピテンシーベース・トレーニングに関するFAQ

キャリアパスを決めるには、複数の方法があります。1つのアプローチは、どのようにして人々が現在のポジション（職位）を得たのかを分析することです。たとえば、現在のCEOが企業のトップに上りつめる過程で、どんなポジションをたどってきたのか。以前の社長たちはどんなポジションをたどって頂点に立ったのか。彼らがやがて成功するにあたって、事前に経験した重要なポジションにおいて何を学んできたのか、何が不足していたと感じていたかついて、どんなことを語るでしょうか？　また、他にもいくつか方法はありますが、ここではもう1つアプローチを紹介しておきます。現在の組織において成功するために本質となるコンピテンシーを、最も効果的に開発できるキャリアパスは何かを検討することです。こうしたキャリアパスの決定のために、模範的パフォーマーにインタビューして、今までの職務において重要なこととして学んだ視点や、組織の戦略的ビジネス目標の達成に有効となる本質的な役割は何であると思っているかを聞き出してください。

13. **相応のキャリア開発目標や現実的に考えた場合でのキャリアの着地点に対する従業員の反発をどのようにマネジメントすればよいでしょうか？**

他者にどんな素質があるのかについて、誰もが意見を共有しているわけではありません。ある割合で、誰もそうは思っていないけれど、自分自身を模範的パフォーマーだと見立てる人がいます。この問題の対処方法の1つとしては、自分自身を高く評価をする人に対して、彼ら自身および彼らに関わる他者（直属上司、同僚、部下）がどう捉えているかをはっきり示すことになる360度アセスメントを実施することです。自分自身への高い評価に対して他者は同意してくれないということを、具体的に示すことは多くの場合効果的です。

この問題に対処する2つ目の方法は、彼ら自身の能力不足を明らかにするようなストレッチな課題を与えることです。そして、彼らにコーチングを受けたいと思わせるためにも、現実を浮き彫りにするように伝えることです。もちろん、現実を浮き彫りにすることによって、彼らの自信は揺らぎ、望んでいた能力開発の到達点はまったく可能性がないものになってしまうかもしれません。望んでいる昇進が見込まれないと受け止

めてしまえば、彼らはおそらく将来に対して落胆し、高い確率で辞めて
しまうでしょう。組織リーダーたちが客観的に測定しているならば、そ
れは、従業員にとって損になるようなことにはならないでしょう。しかし、
組織リーダーがコンピテンシーを客観的に測定しないのであれば、従業
員は直属上司のクローンではないので、不公平に評価される可能性が出
てくるのです。

14. **コンピテンシーベース学習を自組織向けにカスタマイズするには、どう
したらよいのでしょうか？　重要な調整点は何ですか？**

最も重要となる調整は、適切なコンピテンシーモデルをつくることで
す。コンピテンシーモデルは測定可能で、組織（および国）固有の文化
に適用していることです。「コンピテンシーモデルはどのようにつくら
れたか」について常に問いただすことが重要です。時間とコストを抑え
るためにやっつけ仕事になりがちになるので、コンピテンシーモデルの
中には組織固有の文化を反映していないものも散見されます。行動指標
や行動アンカー、あるいは品質要求を介して、測定可能となったコンピ
テンシーモデルがいったん作成されたならば、学習とパフォーマンスに
関するプロフェッショナルたちは、その行動指標や行動アンカーあるい
は関連した仕事の成果に基づいて、トレーニングをはじめとして他の人
材開発の経験を分析しなければなりません。そして、個々人とコンピテ
ンシーモデルとを比較し、個々人のギャップを明らかにし、コンピテン
シーの構築を意図した計画的学習経験を通して、そのギャップを埋めて
いかなくてはなりません。

15. **個人や組織のニーズに基づいたコンピテンシートレーニング・ニーズの
優先順位づけは、どうしたらよいでしょうか？**

これは回答するのが難しい質問です。その理由は、個々人のキャリア
としての成長は、組織リーダーにとっての課題ではないからです。組織リー
ダーは、個々人を配下におくことや囲い込みをしたいと思っているわけ
ではありませんし、その個々人は、コンピテンシーを構築することが「自
分の利益になるか」がわかっていないかもしれません。この問題に対処

する１つの方法は、戦略目標を達成するための、組織にとって戦略的に重要なコンピテンシーを特定することです。まずは個々人が、コンピテンシー・アセスメントに基づき、自分たちの「個人能力開発計画」を用意することです。それによって、組織のリーダーは、組織戦略目標に最も沿ったコンピテンシーの構築に対して、資金投資や支援を選択できるようになります。また、もう一方のニーズにかなった、つまりそれは組織が考える以上に、個人が自分自身でお金を支払ってでも重要と考える教材リソースを開発できるようになります。ここで目指すべきことは、個人と組織のニーズを統合し調節する１つの方向を見つけることです。

16. **コンピテンシーベース・トレーニングにおいて、学び方の個人差をどの程度考慮し、組み込むことができるでしょうか？**

学習スタイルとは、学習者の知識獲得や行動変容のアプローチの違いとして現れるものです。学習行動へ影響を及ぼす環境や快適さ、社会的スタイル、プロファイルといったものを介して、学習者はそれぞれに動機づけられます。セルフペースでの学習は、個人差に対応した優れた方法です。朝に学ぶほうがよい人もいれば、夕方のほうがよい人もいます。学習時間も、１時間ですませたいこともあれば、４時間まとまって学ぶほうがよい人もいます。本を読むのが好きな人がいれば、実践共同体（CoP）に参加して学ぼうとする人もいます。こうした学び方の好みの違いへの対応は可能となります。

17. **コンピテンシーをアセスメントする上で、事前にどのようなコミュニケーションを取っておくとよいでしょうか？**

まず、コンピテンシー・アセスメントの実施方法について決定するときと同様に、取締役会を代表する人を交えて、そもそもコンピテンシーによって人をアセスメントするかどうかを決める運営グループを立ち上げることが肝心です。次に、アセスメントの実施とその理由を知らせる書面を、経営のトップに届けておくべきです。アセスメントと、組織のバリューや継続的改革とを常に連携させておくことが効果的なのです。アセスメント実施の少なくとも数週間前には、役員への発表をすませて

おくべきでしょう。そして、アセスメントの詳細（進め方、スケジュール、個人がやるべきこと、サポート資源）について連絡しておきましょう。

18. **多くのコンピテンシー・アセスメントは他者評価によるものですが、評価者がより正確に評価するには、どうしたらよいでしょうか？　質的尺度を用いて量的なものに置き換えることはできますか？**

より正確に評価するには、たくさんのステップを踏むことが必要になります。まずは、アセスメントの目的や利用方法を知らせることから始めましょう。アセスメントの対象者が被害妄想を強くもってしまうような場合は、最初の年は彼らが望むように、自分自身で評価をさせ、その結果を共有するとよいかもしれません。アセスメントを行う価値を見出すために、率直なフィードバックの重要性を強調してください。次に、可能ならばアセッサーに（主観を排除する）キャリブレーション・トレーニング（calibration training）を受けさせてください。これは、コンピテンシーや評価尺度およびその実施方法を教える内容のものです。eラーニングやクラスルーム型でも可能です。場合によっては、アセッサーはアセスメントを実施する前に、キャリブレーション・テストに合格していることが求められます。

19. **コンピテンシー・アセスメントのデータは、誰が所有することになるのでしょうか？　個人のものでしょうか？　監督者のものでしょうか？　もし副社長が閲覧したいと言ったら、どうしたらよいのでしょうか？**

データの所有者は、会社の環境や文化など多くの状況によって変わってきます。能力開発を目的として実施されたコンピテンシー・アセスメントである場合、個人がその所有者となることがあります。一方で、パフォーマンス（業績）レビューに関連したコンピテンシー・アセスメントでは、通常、監督者が所有し、組織上層部も閲覧することは可能となります。理想的には、データにアクセスする正当な理由のある人であれば、誰もがアクセスできる状態にしておきましょう。

20. **トレーニングによって伸ばすことができるのは、どのタイプのコンピテ**

付録Ａ　コンピテンシーベース・トレーニングに関するＦＡＱ

ンシーですか？　また伸ばすことができないコンピテンシーはありますか？

人格特性は変化するものの、10代を超えた後ではとりわけ難しくなるとの見解をほとんどの心理学者はもっていますが、たとえば「達成動機」のような特性は、達成したいという欲求によって内的にかり立てられるものなので、トレーニングによって伸ばすことは困難かもしれません。しかし、これは例外といえます。

多くの側面で、トレーニングや適切な能力開発を通して、そのほかのコンピテンシーの大半については、伸ばすことができると考えています。内向性か外向性かといった性格の例でいえば、内向性の人には、優れたスピーチを聞かせたり、心温まる優れた顧客サービスを受けさせたりすることで教えていくことができます。重要なのは、学習者に要求される特定の行動が何かを明確にすることです。そして、次に、期待される行動を個人が発揮できるような支援を提供することです。内向性の人を外向性の性格に変えようとはしないでください。それは読者の方のミッションでもないし、期待されるパフォーマンスを達成するために必要なものでもありません。

21. **コンピテンシーの範疇を超えた「より深層にある特性」（たとえば、詳細にこだわるとか陽気であるといった特性、あるいは誠実さのようなバリュー）について、コンピテンシーモデルに組み込むべきでしょうか？**

パフォーマンスの成功において、誠実さやチームワーク、詳細にこだわるといったある個人特性が求められるということに対して、疑問の余地はほとんどないでしょう。これらが通常通りに測定されるものであれば、職務コンピテンシーモデルに組み込むことは問題ないでしょう。コンピテンシー導入の初期段階において、ほとんどの組織は、コア・コンピテンシーとバリューを明確にしていきます。コア・コンピテンシーはすべての従業員に求められるものです。コア・コンピテンシーとバリューは、組織能力（差別化要因）と一致したものとなります。たとえば、イノベーションが競争優位性で組織戦略の一部分であるなら、理想的には、1つのコア・コンピテンシーとして含めておくでしょう。多くの組

147

織では誠実性をコアバリュー（中核的価値観）にも選んでいます。コアバリューもまた、コンピテンシーモデルの一部に組み入れられることでしょう。

22. **コンピテンシーモデルとして適切なコンピテンシー数はいくつぐらいですか？　3つ？　8つ？　あるいは40個ですか？　その中で重要なものとそうでないものをどのように区別したらよいのですか？**

多くの組織が10から15個程度のコンピテンシーに限定するのがよいと思っている一方で、コア・コンピテンシーを含めた20から30個程度のコンピテンシーを用いて、非常にうまくいっている組織も見受けられます。この問いに対する回答は、コンピテンシーを管理するツールに依存する部分があります。たとえば、能力開発ニーズの順位づけを支援するソフトウェアを利用するのであれば、コンピテンシーモデルにある10もしくは50のコンピテンシーから、ある個人に対して3つ程度のコンピテンシーをピックアップできます。また、コンピテンシーには重みづけをしたほうがよいでしょう。そのメリットは、重みづけをしておけば、下位のコンピテンシーの集合をコンピテンシーモデルの中から選ぶことなどが可能になるからです。行動面接をする際に、30ものコンピテンシーに対して実施するのは現実的ではありません。しかし、5つや8つ程度の最重要コンピテンシーを取り上げるのであれば可能です。

23. **コンピテンシーモデルの構築は、SMEの経験に基づく洞察アプローチか、実証的アプローチのどちらによるべきでしょうか？**

大半のコンピテンシーモデルは、SMEからの情報を得て構築されます。もちろん、SMEが間違った情報を提供する可能性があります。たとえば、彼らは重要なコンピテンシーを特定したとして、それがあまり、あるいはまったく重要でないものであったり、重要なコンピテンシーを見逃したりすることもよくあります。実証的方法では、コンピテンシーがパフォーマンスの違いを生み出すかどうかについて、可能ならばあるコンピテンシーをもっている人ともっていない人の結果を比較して、検証していきます。コンピテンシーモデルについての妥当性を検証すること

付録Ａ　コンピテンシーベース・トレーニングに関するＦＡＱ

は望ましいことですが、一方で、多くの組織においてコア・コンピテンシー以外の数多くあるコンピテンシーに対して実証的アプローチを用いていくのは、リソースの視点からは考え難いものです。さらには、完成したコンピテンシーモデルを実証的に検証することは、多様な変数を考慮しなければならないため非常に難しいことだといってよいでしょう。私たちは、経験に基づく洞察アプローチをやめてしまうよりもむしろ、一層用いることを推奨します。最も重要なことは、監督者に重要なコンピテンシーを選択することを求めても、良い結果を期待してはいけないということです。訓練を受けたファシリテーターがSMEと協働することによって、もっと良い結果が得られると確信しています。

24. **モデル（少なくとも、コアモデル）に上がったコンピテンシーは、バリューを創り出すことと戦略計画を達成することのどちらにも連携したものであるべきでしょうか？　それとも、いずれにも無関連であってもよいのでしょうか？**

いくつかのコア・コンピテンシーモデルは、ピラミッド型で構築されます。そのベースにあるものが、すべての個人に求められるコンピテンシーです。また、従業員は、他者や組織全体を成功に導くことによってピラミッドを登っていきます。しかし、1つのモデルにおいてコンピテンシーを習得し、さらにより上位のコンピテンシーを必要とする他の役割に向けて準備を行っていくことでも、コンピテンシーを伸ばすことができます。

25. **トレーニング目的でコンピテンシーモデル開発を行った後、他の HR のプロセスにおいて、何か変更が必要となるのでしょうか？**

著者は、統合されたタレントマネジメントへの取り組みを支持する立場です。つまり、戦略面へ影響力をもつコンピテンシーに着目し、そして、従業員の選抜から始まり解任に至るまでの実質的な雇用全体のサイクルへと適用させるということです。まとまりのある重要な領域での成長に基づいて、選抜し、訓練し、昇進させ、そして報酬を与えるといった連携した取り組みが行われるその日から、トレーニングの影響が大きく

なると考えてください。

26. **コンピテンシーは資格認定や免許との関連がありますか？　もし従業員が専門資格認定や資格（たとえば、薬剤師）をすでにもっているのであれば、コンピテンシーやコンピテンシーモデルと何か相互関係はありますか？**

専門家の資格認定では、コンピテンシーに対する要求事項を定義している点で、コンピテンシーモデルと類似しています。多くの協会や政府機関では、コンピテンシーへの要求事項を定義しています（たとえば、ATD は WLP プロフェッショナルに求められるコンピテンシーを定義しています）。すでに既存のものがある場合は、それを活用することは大いに結構なことだと思います。もし、取得者が資格認定や免許を数年ごとに更新しているのであれば、通常、コンピテンシーモデルに資格認定にあるような同じコンピテンシーを含める必要はありません。外部の免許や資格では包含できていない組織固有のコンピテンシーがあるからこそ、やはりコンピテンシーモデルはほとんどの場合で必要となってくるのです。

27. **コンピテンシーレベルとして適切なのは何段階で、また、何回測定するのが適切なのでしょうか？　また、（見習い、上級者、熟達者といった）習熟レベルに対して、（大抵や常にといった）「出現頻度」はいつ使うべきなのでしょうか？**

コンピテンシーを3〜5のレベルに区別し測定することが、最も多く行われているようです。レベル区分を6つ以上にすると、回答する個人はレベル間の違いに対して、自信をもって区別することが難しくなってくるようです。コンピテンシーのレベルは、能力開発レベルの評価なのか、職務パフォーマンス（業績）レベルの評価かによって異なってきます。言い換えれば、ある人が（必要なコンピテンシーを開発したことによって）業務をうまくやり遂げるためのコンピテンシーを有している可能性があったとしても、そのことが必ずしも実際のパフォーマンスを決定するものではないということです。通常、トレーナーの目的からすると、

能力開発アセスメントとして実施することが最も重要です。初心者、見習い、一人前、上級者、そして熟達者といった尺度を用いることで、成功している組織が多いようです。ブルーム（Bloom）の学習レベルの簡略版（知識、理解、応用、分析、統合、評価）を好んで使用する組織もあるようです。頻度尺度（ほとんどない、ときおり、通常、大抵、いつも）は、誠実性や顧客志向といった、スキルというよりはむしろ、意志や意欲に左右されるコンピテンシーに対して利用するのが適切だといえます。

28. **コンピテンシーについて、能力開発を目的とした場合と業績評価を目的とした場合では、両者間にどのような関係がありますか？　それは昇進に関わるものでしょうか？**

業績の振り返りを目的とした場合、個人が期待値を満たしているかどうかを評価します。能力開発が目的の場合は、能力開発目標だけでなく現在の能力開発レベルを見極めるために、コンピテンシーを使用します。そして昇進を目的とした場合は、コンピテンシーと実績の両方を捉えるのが賢明といえます。

29. **コンピテンシーベース・トレーナーの倫理的責任とは何でしょうか？たとえば、アセスメントデータの機密保持について、従業員が情報を漏えいしたときの信頼性確保、そして、従業員への率直なフィードバックなどの観点ではどうでしょうか？**

コンピテンシーベース・トレーナーが最初に取りかかるもので、また最も重要な倫理的責任は、公正かつ客観的に、コンピテンシーが測定されているようにすることです。良いコンピテンシーモデルというのは、成功を導くもしくは優れたパフォーマーが共有する固有の特徴に関するいくつもの研究を介して開発されてきたものでしょう。しかし、往々にして人は、企業文化に固有な文脈を反映しないコンピテンシーモデルを結果的に利用しようという近道の誘惑に苛まれます。コンピテンシーベース・トレーナーもまた、対象者との約束として、機密保持の責任があります。従業員に対して説明した使用目的の範囲内でコンピテンシー

結果を利用すること、コンピテンシーデータについては、いかなる場合でも差別的な意図やそうした影響となるような使用を避けること、秘密を保持すること、そして率直なフィードバックを与えることです。

30. **最も共通して要求されるコンピテンシーは何で、それらが共通する理由は何ですか？**

数年前のある調査で、組織リーダーシップ評議会では、以下に挙げるコンピテンシーが最も共通して見られるとの報告がありました。それは、誠実性、駆動力、対人スキル、学習俊敏性、戦略的思考、柔軟性／適応性、自信、成果志向、顧客志向、意思決定力、チームワークです。筆者らは、最近の研究について個人的見解をもっていませんが、こうしたコンピテンシーが広く使用されていることは事実といえるでしょう。これらのコンピテンシーは、すべての従業員に対して、実際に適応することができるとともに、また、組織として自らのコンピテンシーモデルをつくるときに他の組織のモデルと比較検討しているという2つの理由で共通するものだといえます。

31. **コンピテンシーベース・トレーニングを効果的に支援するために、マネージャーとどのようにコミュニケーションし、そして彼らをどのようにトレーニングしていけばよいでしょうか？**

組織がコンピテンシーを導入する際、初期段階では、組織文化にも大きな変化をもたらすことを考慮に入れるべきです。マネージャーでも従業員でも同様に、コンピテンシーとは何であるか、職務記述書との関係はどうするのか、利用する価値はどこにあるのか、組織ではどうやって運用するのか、どう測定するのかなど、継続的なトレーニングや情報が必要になってきます。最も重要なことは、中核となるステークホルダに、コンピテンシーとは何か、なぜそれを用いるのか、そして組織や個人にとってどんな利点があるのかについて理解してもらうために、活発な継続的コミュニケーションとトレーニングの工夫を維持することです。

152

付録 B

コンピテンシーモデル開発：
コンピテンシー特定の基本

コンピテンシーモデルは、業績を上げるパフォーマーの能力を記述した通常 10 から 30 個のコンピテンシーセットです（第 1 章参照）。重要なコンピテンシーは SME と呼ばれる知識の豊富な人たちが特定します。コンピテンシーモデルはトレーニングの基盤ですが、一般的にはそれ以上にタレントマネジメントやパフォーマンスマネジメントの基盤でもあります。職務記述書にリストアップされている責任を遂行するのに必要な KSA に加えて、業績を上げるパフォーマーの行動にフォーカスすることにより、他の方法では明らかにできない重要な潜在能力を特定します。業務を効率的に進めるパフォーマーの行動を検討することにより、コンピテンシーモデル開発には（データに基づく）実証的な要素が加わります。これによって、責務として指定されたことを遂行するためにはどのような特性が重要かについて、単にブレーンストーミングで行うよりももっと正確で包括的なモデルをつくり上げる可能性が高まります。

コンピテンシーモデルを作成することの潜在的な利益

コンピテンシーモデル開発には、かなりの時間と努力が求められます。しかし幸いなことに、潜在的な利益は十分に存在します。組織の視点からみると、コンピテンシーモデル開発は以下を促進します。

153

▶ 組織にうまく適合して、離職率が低く、かつ生産性の高い従業員（または請負業者）を雇う

▶ トレーニングギャップをより正確に決定することによって、高品質で目標を絞った、個人とグループのトレーニングニーズ分析を実施する

▶ 現職位での個人能力開発計画を作成する

▶ 将来の職位へのキャリア計画を作成する

▶ 最も昇格が有望な候補者を特定する

▶ 後継者育成計画を立て、その職位における人材層の充実度を評価する

▶ 将来のニーズ対応に必要となる優秀な人材を獲得するために、業務遂行力の育成計画を立てる（例：高齢人口の需要に対応する十分な人数の看護師）

▶ 組織を再構築して適正な規模にする

コンピテンシーモデル開発を職務分析と一緒に行うことで、以下のようなことが可能になります。

▶ 鍵となる職務責任、職務成果物、必須タスク、教育、求められる経験、職務タスクの重みづけ、報酬要素の評価（適切な賃金または給与を決めるときに用いる）を更新あるいは作成する

▶ 個人の好みや想定される職務満足レベルおよび、離職可能性が高い職務がどれかを決定するのに役立つ職務特性を特定する

▶ パフォーマンスレビューとパフォーマンス計画のゴールに用いられる職務標準を定義する

コンピテンシーモデルのタイプ

　コンピテンシーモデルがカバーする範囲は、１つのタスクという狭い領域から大きな組織における全員の職務という広範囲なものまであります。以下のコンピテンシーモデルのタイプは、環境に応じた価値をもっています。

付録B　コンピテンシーモデル開発：コンピテンシー特定の基本

▶ タスク・モデル（たとえば、電話セールス）

▶ 職務・役割モデル（たとえば、顧客サービス窓口）

▶ 職種モデル（たとえば、販売）

▶ 職務レベル・モデル（たとえば、実務担当者すべて）

▶ タレント・プールモデル（たとえば、高い潜在能力者）

▶ コア・コンピテンシーモデル（たとえば、整合性やイノベーションなど、
組織の全従業員に適用されるコンピテンシー）

　コア・コンピテンシーや職種別のコンピテンシーといったコンピテンシーモデルにおいて、共通のレベル区分を1種類だけ用いることで、職務コンピテンシーモデルといった他のコンピテンシーモデルもより素早くかつ一貫性をもって開発することができます。

　実際、多くの人たちが提供するコンピテンシーモデルのタイプは異なりますが、その開発に用いられるテクノロジーは同じです。組織のコア・コンピテンシー開発には何十人もの人が参加するでしょう。上級監督者も巻き込み、全従業員に意見を述べる機会があるでしょう。これだけ多くの人が関わっても、コア・コンピテンシーの開発に貢献する人の3分の1は、職務コンピテンシーモデルに求められる情報を提供するSMEでしょう。

コンピテンシーのタイプ

　コンピテンシーモデルは、3タイプのコンピテンシーで構成されます。

▶ コア・コンピテンシー：
組織に属するすべての人にとって重大だと考えられるコンピテンシーとバリューです。イノベーション、整合性、顧客志向、そして安全などのコンピテンシーは共通です。組織によっては直属の部下をもつ人すべてに、リーダーシップもコア・コンピテンシーとして特定します。

▶ 機能横断コンピテンシー：
広くさまざまな職務役割に就く多くの人にとって重要なコンピテンシー

155

です。予算管理、タイム・マネジメント、戦略策定などのコンピテンシーがその例です。

▶ 専門技術コンピテンシー：
マーケティング、IT、セキュリティなど、役割の本質に関与するコンピテンシーです。マーケティング・リサーチ、C++ プログラミング、犯罪者行動知識などがその例です。

コンピテンシーとコンピテンシーモデルの要素

最近は、コンピテンシーやコンピテンシーモデルに関する唯一の標準は存在しません。その結果、コンピテンシーモデルの内容や質、工夫の程度は大きく異なります。個々のコンピテンシーを明確に定義するためには、以下のコンピテンシー要素が必要です。

▶ コンピテンシー番号：
この識別子は大きな辞書からのコンピテンシー探索を容易にします。さらに、コンピテンシー間の関連性も示すことができます。たとえば、「コンピテンシー603とコンピテンシー607は両方ともプロジェクト・マネジメント・コンピテンシー群に属する」といったようなことです。

▶ コンピテンシー名：
チームワーク、整合性、（化石燃料発電で使用される）重水化学、など。

▶ コンピテンシー記述：
コンピテンシーの範囲について記述する1から3つの文章。

▶ 行動：
優秀なパフォーマーが行う4から10個の観察可能な行動。

以下の追加要素によって、コンピテンシーモデルはさらに有益となります。

▶ コンピテンシー順位あるいはコンピテンシーの重みづけ：
特別な役割や職務では、あるコンピテンシーがその他のコンピテンシー

よりも重要だとして、より高い重みづけをします。一般的に重みは合計で 100% となるようにします。

たとえば、あるコンピテンシーが 60% の重みづけ、他が 25% で、さらに他のコンピテンシーが 15% といった具合です。

▶ パフォーマンスの期待レベル：

特定の職務の文脈において専門性の要求レベルは異なります。ある役割では文章の専門家であることが求められるかもしれませんが、担当するもう一方の役割では、初歩的なレベルのスキルがあれば十分だということもあります。

ジョブ・プロファイリングを通じたコンピテンシーモデル開発

私たちは、コンピテンシーモデル作成をそれより広範囲であるジョブ・プロファイリング・プロセスの一部として実施することを推奨します。ジョブ・プロファイリングは職務記述の 1 つのタイプで、コンピテンシーモデルにいくつかの要素をつけ加えます。コンピテンシーモデル開発単独ではなぜ不十分なのか、以下の 3 つの理由があります。

▶ ある役割に対してどのコンピテンシーが重要なのかを正確に評価するためには、その役割にいる個人に期待されるタスク、アウトプットあるいは成果物を明確に理解する必要があります。

▶ 採用や昇進などの人事決定の確証とするためには、特定のタスクおよび求められる成果物と、要求されているコンピテンシーとを関連づけることが重要です。この関連性は時々「職務関連性」と呼ばれるものです。コンピテンシーを他の要素とひもづけることは、組織行動の法的正当性を高めます。

▶ 前に述べたように、コンピテンシーモデルは採用やトレーニングニーズの優先順位づけ、キャリア開発の意思決定を良い方向に導きます。付加情報が考慮されればさらに良い決定が行われるのですが、コンピテンシー

に関する情報を収集している際、SMEからこれらの付加情報を効率的に収集することができます。たとえば、職務コンピテンシーは個人がその役割を遂行する準備が十分にできているかを判断することを支援する一方、誰がその役割に満足し楽しむかを示すものではありません。言い換えれば、私たちはただ単に良い職務適合を確立するだけのコンピテンシーモデル以上のものを求めているということです。

ジョブ・プロファイリングの内容は、組織ごとに若干カスタマイズされる傾向がありますが、典型的なジョブ・プロファイリングは以下を含みます。

▶ 基本要素：名称、職務コード（必要ならば）、SMEが提供する入力情報、作成データ
▶ 要求事項：教育、経験、資格認定その他
▶ 責任：代表的なタスクまたは作成物と重要性
▶ コンピテンシーモデル：コンピテンシー、コンピテンシーの重みづけ、コンピテンシー別のパフォーマーの期待レベル（見習いから熟達者まで）
▶ 職務特性：意思決定、他者との交流、管理、時間管理、肉体労働、その他の職務要素

コンピテンシーベース・トレーニングにとって不可欠であるのと同じく、コンピテンシーモデルは多くの使用例と利益をもたらすことによって、ジョブ・プロファイリングの中で最も重要な要素といえるでしょう。

ジョブ・プロファイル情報へのアプローチ

学習管理およびタレントマネジメントのプロセスにおいて、最初にジョブ・プロファイリングを行うことが理想的です。もしジョブ・プロファイリングが十分に行われていないと、後続のステップにリスクが生じます。たとえば、ある職位に従業員を選抜したり育成するときに間違ったコンピテンシーを使うと、時間を浪費するばかりでなく、さらに悪いことに、適任ではない人を

付録B　コンピテンシーモデル開発：コンピテンシー特定の基本

選んでしまうか、あるいは大切なトレーニングの機会を提供し損ねてしまう
ことも考えられます。ジョブ・プロファイリングが雇用機会均等委員会(Equal
Employment Opportunity Commission) による 1978 年の EEOC 統一ガイド
ラインに従って行われない場合、法律上の問題となる恐れが出てきます。

　ジョブ・プロファイル情報の収集にはさまざまな方法があります。私たち
は以下のようなアプローチを経験してきましたが、成功度合いはさまざまで
す。

- ▶ SME との小集団ミーティング
- ▶ 個人インタビュー
- ▶ 監督者が選択したコンピテンシー
- ▶ 従業員アンケート
- ▶ コンサルタントが作成したモデル
- ▶ 専門家団体や産業界が開発したモデル
- ▶ 公的機関が開発したモデル
- ▶ コンピテンシーカード分類

　私たちは、すべての組織におけるすべての状況に対する唯一の最適な手法
があるとは信じていませんが、2 ないし 4 名の SME が参加し、コンピテン
シーモデル開発とグループ・ファシリテーションについてトレーニングされ
た人が取りまとめる構造化された小集団ミーティングが、一般的に最も良い
結果を出していることを見てきました。SME は物理的に協働する必要はな
く、ウェブ会議でも効率的で多様な SME グループと接触することができま
す。

　トレーニングされたファシリテーターは関与せず、その代わりに監督者や
従業員アンケートでジョブ・プロファイリングやコンピテンシーモデル開発
を実施してしまおうという誘惑に駆られることもあるでしょうが、私たちは
これらのアプローチはいずれも推奨しません。ジョブ・プロファイルを作成
し重要なコンピテンシーを特定するとき、コンピテンシーを選択すべきかど
うかを決定する上での規則があります。トレーニングを受けたファシリテー
ターは、この規則をうまく適用し構造化されたプロセスに従うことで、プロ

159

セスに大きく貢献します。たとえば、ジョブエントリーに記載されている要求で文字の読めない人をふるい落そうとする場合には、（基本的な読解スキルのような）コンピテンシーを選択することはあまり価値がないでしょう。仮に監督者や従業員がジョブ・プロファイル開発のトレーニングを受けていたとしても、このタスクは彼らの定常業務の裏側で行われ、必要となる配慮や振り返りが行われない可能性があります。ジョブ・プロファイルで構築された基盤上に学習管理とタレントマネジメントを置くべきであり、脆弱な基盤の上に構築するリスクを負うべきではありません。

　小集団をファシリテーションすることによって、時間を浪費せず、効果的な選択が可能となります。幸いなことに、リソースを強化するための戦略が数多くあります。

▶ ジョブ・プロファイル作成の時間を短縮する最良の方法は、特定の役割向けに作成されたテンプレートから始めることです。会計のような機能的な領域や部門に対するジョブ・プロファイルを作成し、それから部門プロファイルに関連することを考慮して、すべての会計職務プロファイルを策定します。

▶ （全員に対する）従業員コア・コンピテンシーとコア・リーダーシップ・コンピテンシーを開発すれば、それらのうちある程度のコンピテンシーがすべてのジョブ・プロファイルに使われるので時間を節約できます。コア・コンピテンシー・セットは各機能に対しても同様に開発できます。

▶ 経験をもった SME と一緒に作業することは、プロセスの進行を顕著に速めます。構造化されたプロセスを1ないし2回経験すると、SME はプロセスを主導するようになり、25％かそれ以上時間を短縮することができるようになります。

▶ ハイブリッド・アプローチを取ります。たとえば、ファシリテーターはジョブ・プロファイルの草案を準備して SME に提示することができます。その代わりに、SME は会合の前に、重大なコンピテンシーの選択に対する質問への回答を準備しておくことが求められます。ハイブリッド・アプローチは調整会合を50％短縮できます。

▶ ウェッブ会議、その他の会議のテクノロジーを活用すれば、移動時間と

コストを削減することができます。

▶ ジョブ・プロファイリングは複数年に渡って続けられることもあります。初めは比較的少数のジョブ・プロファイリングから行い、時間とともに拡大することは悪いことではありません。

コンピテンシーモデルの妥当性検証

コンピテンシーモデルの妥当性検証は、コンピテンシーモデルの正確さを現場、研究、統計、そして法的な視点から示そうとするものです。

コンピテンシーモデルの妥当性検証には、いくつかのアプローチが使用できます。最も一般的なのは以下のものです。

▶ SME に重大なコンピテンシーを特定してもらう

▶ コンピテンシーを職務タスクや職務成果物と関連づける。コンピテンシーとの関連づけで職務関連性を示す

▶ コンピテンシーモデルの原案を組織内の人たちに示し、論評や改訂をしてもらう

▶ 独立したグループが開発した同種のコンピテンシーモデルを見つけ、結果を比較対照する

▶ コンサルティング会社や企業グループ、最高クラスの組織、競合他社などのコンピテンシーモデルに対して、自分たちが選択したコンピテンシーをベンチマークする

▶ パフォーマンスレビューとコンピテンシーの得点を相互に関連づける

▶ 他の評価基準との整合に関する併存的妥当性や未来の状態を予測する予測的妥当性の検証を実施する。また、選択したコンピテンシーと職務パフォーマンスの測定基準との間の有意となる関係性を統計解析によって示す

実践的妥当性と実験的妥当性および法的妥当性の検証は、重複する部分があるとはいえ区別するのがよいでしょう。同僚からコンピテンシーモデルのレビューを受けるのは実践的であるのに対し、実験的妥当性の検証は資格を

161

有する研究者による厳格な調査が求められ、法的妥当性検証には関連法規を厳守することが求められます。

コンピテンシーモデルは従業員の採用、昇進、場合によっては解雇など、多くの重要な決定の基礎となることを忘れないでください。そして、法的な異議申立に耐えられるという観点でも、コンピテンシーモデルを開発することが求められます。たとえば米国では、雇用機会均等委員会の 1978 年ガイドラインが、法的に容認される妥当性検証のタイプを定義しています。コンピテンシーモデルの使用範囲を非常に狭く限定するつもりがないのであれば、コンピテンシーモデルによって決定されることが、適用される法律の要求事項に合致するように開発しなければなりません。もし、その領域に適用される法律が何かをしっかり把握していないならば、じっくり調査するのがよいでしょう。

実験的調査を進めるために使われるオプションはほとんどありません。実験的調査は、時間と費用がかかり、企業人に対して必ずしも説得力があるとは限りません。それでもなお、将来私たちがコンピテンシーモデルの妥当性を科学的に検証する実践的な方法を見つけることができれば、結果として大きな利益が得られます。その役割における成功の 80% を説明する 5 つかそれ以下のコンピテンシーのリストに沿って、学習の努力を集中することができると想像してください。適正な妥当性検証が行われたコンピテンシーモデルは、全体の 80% に影響を及ぼす 20% を特定するパレートの法則によって効力と効率が与えられます。

自組織の他のメンバーによるコンピテンシーモデルに対して徹底的なレビューを手配することは、政治的に必要であり、また同意を形成することになりますが、労力が 2 倍になる割にはコンピテンシーモデルの品質はあまり向上しません。また、これはコンピテンシーモデルをより妥当なものにしたり、法律をより順守するように変えるものでもありません。トレーニングを受けたファシリテーターは、SME の提供情報に基づいて SME とともに最初の原案の開発を支援します。ファシリテーターとレビュアーとが一緒に作業することは、一般的には有益ではありません。

コンピテンシーモデルの適正な妥当性検証もまた、作成しているコンピテンシーモデルのタイプによって部分的に異なります。たとえば、組織内での

使用が広がると予想されるのであれば、コア・コンピテンシーモデルの妥当性検証により多くの労力を割くことは適切でしょう。あなたはコンピテンシーモデルを、業界一位の、あるいは一流クラスの企業のコンピテンシーモデルや、コンサルティング企業の調査、そして学術研究などと比較するかもしれません。それに反して、個人の職務モデルの妥当性評価は、コンピテンシーと職務タスクとの関連づけと同じく、SMEを主な入力情報源として構築されています。

　肝心なことは、妥当性の高いコンピテンシーモデルは、皆にとって有益であるということです。あなたは、最も優先順位の高い領域である学習とトレーニングに労力を集中したいでしょう。異なるタイプの妥当性の検証に困惑するかもしれませんが、幸運なことにSMEからの提供情報と職務との関連性を吟味するという実践がコンピテンシーモデルに対する自信を生み、法的な防御性をもたらします。さらに、時間の経過とともに成果の一部は時代に合わなくなり、コンピテンシーモデルは最新の状態にメンテナンスする必要が生じます。理想的には、少なくとも2年か3年ごとコンピテンシーモデルを見直し、微調整する必要があるでしょう。コンピテンシーモデルを見直し、改訂するとき、最後の改訂以降に重要だと判明したコンピテンシーは何かを検討すれば、モデルの妥当性を評価することにもなるでしょう。最終的に、最も重要なコンピテンシーモデルに対して、厳格な妥当性検証のアプローチを用いるよう警戒を怠らないようにすることができます。

コンピテンシーモデル開発者の特質

　コンピテンシーモデルを作成するには、いくつかのスキルセットが必要です。最初に、コンピテンシーモデル開発者は良い聴き手でなければなりません。たとえばある技能領域について、ほとんどあるいはまったく専門知識をもたないにもかかわらずモデルを生成していく場合、その領域について門外漢であったとしても、情報を吸収し理解することができなければなりません。また、情報提供することや時間を割くことを、SMEにとって意味のあることだと感じてもらえるよう、コンピテンシーモデルの開発者は優れた積極的

傾聴スキルを示すことが必要です。

　グループ・ファシリテーション・スキルもまた必要です。一般的に、コンピテンシーモデル開発者は個人が集まった小集団を率いて品質の高い製品を作り、グループを素早く動かし、グループが疲弊したら刺激を与えなければなりません。時には、上司や先輩とリスクに対する意見が一致しないことを恐れて口数が少なくなっている SME から情報を引き出すという状況に対処することも必要でしょう。コンピテンシーモデル開発者は人々の自信を引き出し、目的に意味を与え、そして達成感を味わえるようにしなければなりません。

　多くの人が、コンピテンシーモデルの開発プロセスを素早く手掛けることができるように、以下の方法を推奨します。

▶ この付録に記載されているような資料を明らかにし議論することで、どのような開発プロセスを導入するかの説明をする

▶ 経験豊富なコンピテンシーモデル開発者に観察してもらう

▶ 経験豊富なコンピテンシーモデル開発者による支援の下で、1つないし2つのコンピテンシーモデルを開発する

▶ 経験豊富なコンピテンシーモデル開発者が観察し、会議後にフィードバックを与えてくれる状況で、1つないし2つのコンピテンシーモデルを開発する

自社版のジョブ・プロファイリング・プロセスを組み立てる

　良いコンピテンシーモデル開発プロセスの実践ガイドラインの中には、自分の環境や好みに合わせてプロセスを組み立てる方法がいくつか記載されています。プロセスのデザインにとって一番良いこととして以下を推奨します。

▶ 実行チームと管理グループを決める。しばしばこれらのグループのメンバーには重複が生じる。

▶ 主要なステークホルダと会って議論する。一般的に、このステークホル

付録B　コンピテンシーモデル開発：コンピテンシー特定の基本

ダには以下のメンバーが含まれる。リーダーシップ、トレーニング、組織開発、採用、処遇、後継者育成計画、パフォーマンスマネジメント、そしてライン機能の代表者。これらのステークホルダに対してインタビューやフォーカスグループを実施し、興味やニーズを判断する。

▶ ステークホルダのニーズに基づいて、プロファイル開発の戦略を決定する。原則として選択肢は以下の通り。

　• トレーニングを受けたコンピテンシーモデル開発者がファシリテーターとして SME の小集団ミーティングを主導し、プロファイルを構築する。

　• 資格をもつコンピテンシーモデル開発者に現状の材料に基づいてプロファイル原案を作成してもらい、SME にこの原案に関する調整と妥当性の検証をしてもらう。このアプローチによって、制限がある SME の時間をうまく使うことができる。

　• 委任、分析、数値計算などといった共通する基本職務機能には、あらかじめコンピテンシーを関連づけておくという、迅速なアプローチを使う。

　• コンピテンシーモデルのデータベースを購入し、基盤として使う。データベースを使えば、最も速くコンピテンシーモデルが仕上がり、内部労力も最小になるが、費用がかかり、モデルがあなたの組織にぴったり適用しないかもしれない。

▶ コンピテンシーモデル開発プロセスのどの基礎要素を検討に加え、どれを後で付け加えるかを決める。たとえば、パフォーマンス標準は必要なく、期待するコンピテンシー・パフォーマンス・レベルの決定も 2 年目にずらすなど。

▶ 特別な情報収集ニーズのうち、どれが基本的なコンピテンシーモデルを逸脱するかを決める。たとえば、職務賃金を評価したり、内部資本を生み出す情報を収集する必要があるのか？　職務記述書を更新するプロセスを使いたいと思うか？　教育や経験といった事前要求事項を特定したいか？　可能ならば、有効な情報を追加させ、コンピテンシーモデル開発の影響を広める。

▶ 職務基準やパフォーマンス標準など、どのような組織情報がプロファイリング・プロセスにおいて有効で適切かを特定する。

165

- ▶ より自組織に合うように、プロセスの要素を組み立てる。
  - すでに開発されている市販のコンピテンシー・ライブラリー、または内部のコンピテンシー・ライブラリー、あるいはその両方を併用する。もし中核となる従業員とリーダーシップ・コンピテンシー以外にも利用する計画ならば、独自に総合的なライブラリーを開発すると時間効率がよいでしょう。この場合、市販の利用可能なライブラリーは、最良の選択ではないかもしれません。あなたの組織にとって必要ではないコンピテンシーは、削除または解除してください。また、市販のライブラリーでは見つけることができないあなたの組織特有のコンピテンシーについていくつか付け加えるか、市販されているコンピテンシーの記述を書き換える必要があります。
  - 職務を定義するために職務責任や成果物、あるいはその両方を記載するかを決める。
  - 職務タスクとコンピテンシーに重要度の重みづけをするかを検討する。重みづけをする場合には、そのやり方も決める。
  - （個人が仕事に従事して満足するかどうかに影響を与える属性として）使用する職務特性を選択する。これらは市販のリストや内部リストから抽出できる。これらの特性は、通常、キャリア開発とタレントマネジメントでは有用だとされていなければならない。
- ▶ もしまだやっていないのならば、従業員のコア・コンピテンシーを特定する。コア・コンピテンシーは組織を横断して適用され、すべての職位において成功の鍵となるものである。
- ▶ 他の人を指導するすべての人に対するコア・リーダーシップ・コンピテンシーを特定する。

　一般的に、コア・コンピテンシーの作成には上級指導者を含む多くの人たちを巻き込みます。この作成には、調査結果や他社コンピテンシーのレビュー、組織メンバーからの重要な入力情報、そしてコミュニケーションおよびマネジメント変革戦略などに依拠しながら、慎重にプロセスを進めることがとても重要です。

付録B　コンピテンシーモデル開発：コンピテンシー特定の基本

ジョブ・プロファイリング・ミーティングの手順

　ジョブ・プロファイリングとコンピテンシーモデル開発について、以下のような10の手順を推奨します。先に述べたように、これは必ずしもコンピテンシーモデルを作成する唯一の方法ではありません。しかし、私たちや他の人たちが何千ものコンピテンシーモデルを作成するときには、（多少の調整を加えた上で）このアプローチを使って成功しています。

　このアプローチは、SMEとの1つないし2つの小集団ミーティングによって行われます。通常、最初のコンピテンシーモデル開発ミーティングは手順2から8を含んでいます。手順9から10は別のミーティングで実施するオプションです。各手順の時間予想はおおよそのガイドラインです。実際の時間は、最新の職務記述書の有無や職務の複雑さ、SMEの人数、個人特性、ミーティング・ファシリテーターによって変わります。しかし、時間の割当てが示している通り、ミーティングはコンピテンシーモデルの作成に主にフォーカスしています。

手順1：ミーティングの事前準備

　当然のことですが、ミーティングの事前準備を適切に行うことがジョブ・プロファイリングを成功させることに通じます。そして、もしミーティングが成功しなかった場合、SMEグループを呼び戻すことは困難か、不可能でしょう。付録Bの例示2と例示3に示したミーティング準備の手順について参照してください。

手順2：ミーティングの開始

　一般的な参加者の紹介に加え、プロセスの主要な手順（付録Bの例示1参照）を見直して、ミーティングをざっと概観することも有効です。

167

付録B　例示1　コンピテンシーモデル開発プロセスの主要な手順

　以下は、コンピテンシーモデルの構築で使用するプロセスに関する10の手順です。
注：太字（ゴシック体）の手順は重要と思われるものです。明朝体のタスクは行う価値はありますが、割愛してもよいものです。

1. ミーティングの事前準備	20−60分
2. 職務タスクリストのレビューと改編	10−20分
3. タスク・グループへの職務タスクの割り当て	5−10分
4. タスク・グループへの重みづけ設定	5分
5. コンピテンシー選択	30−45分
6. コンピテンシーとタスク・グループのひもづけ	10−15分
7. コンピテンシーの重みづけの設定と微調整	5−15分
8. 職務特性の選択	10分
9. パフォーマンスの期待レベル設定	30−90分
10. 職務パフォーマンス標準開発	30−120分

付録B　例示2　ジョブ・プロファイリングの準備

A. プロファイリングの参加者を選抜する

　　正しい参加者を選ぶことは非常に重要です。通常、1ないし3名の職務現職者と、1ないし2名の監督者が集められます。選抜された職務現職者は顕著な経験を有し、成功したパフォーマーでなければなりません。SMEは2ないし5名を推奨します。私たちの経験では、大規模グループでプロファイリングを行うと結果はあまり良くありません。手順を踏むのに時間がかかり、余計なリソースが拡大するためです。

B. 技術コンピテンシーをレビューする

　　もし、（その起用領域について）技術コンピテンシーに関するレビューがその部門でまだ完了していないならば、上級 SME の1人にコンピテンシー・ライブラリーの中の技術コンピテンシーについて質問すべきです。SME は、いくつかのコンピテンシーの追加や他の修正を求めてくるでしょう。

C. ミーティングの前に、職務記述書か職務情報に関する書類を入手する

付録B　コンピテンシーモデル開発：コンピテンシー特定の基本

付録B　例示2　ジョブ・プロファイリングの準備（続き）

D．ミーティングの前に職務タスクを更新する

ミーティングの前に、SME に職務記述書をレビューしてもらうのは良いアイデアです。職務責任については特に注意を払ってもらうべきです。ジョブ・プロファイリングの討議のために正確な職務責任に関するリストを用意することで、重大なコンピテンシーが適切に選択されるでしょう。したがって、廃止となった責任はリストから削除され、主要な職務責任は追加されなければなりません。主要な職務成果物のリストを特定することも有用です。ほとんどの職務に対して、5 ないし 15 の主要責任で十分であることがわかっています。もし組織が望むのであれば、プロファイルを作成する間に、このプロセスを使って職務記述書を更新することができます。代わりに、職務タスク・リストは SME とのミーティングで作成または改訂できますが、通常、集中した時間が必要です。

E．汎用タスク・グループの名称を特定する

主要な職務責任を2 ないし6 のタスク・グループにまとめると、コンピテンシーモデル開発プロセスの効率が非常に向上します。可能であれば、汎用タスク・グループ（通常、4 ないし5）を最初のコンピテンシーモデル開発ミーティングの前に選択し、全ジョブ・プロファイリング・ミーティングのために（許諾された修正を施して）適切に使うべきです。たとえば、ほとんどのタスクは次のようなタスク・グループに構成できることがわかっています。それらは、専門的／技術的、プロジェクト／プログラム・マネジメント、管理、コミュニケーション、顧客サービス、人材マネジメント、ビジネス開発です。

F．会議室（あるいはウェブ会議）を準備する

ジョブ・プロファイリングのためにデザインされたソフトウェア製品を使用すると最も効果的に結果を出せることがわかりました。つまり、会議室にはオンライン接続が必要だということは明らかです。コンピュータとプロジェクターを手配しましょう。会議中や会議後に作業結果のコピーを手持ちできるよう、プリンターを準備しておくと便利です。フリップチャートもまた有用です。

G．コンピテンシーモデル開発を開始する

コンピテンシーモデルの開発者は、ミーティングの前に職務責任を特定し、SME に説明する準備をしておくことを推奨します。ミーティング時間を短縮できることに加え、ファシリテーターが職務についてより深く理解することができます。

H．ミーティングの前に必要なコミュニケーションを取る

参加者には、ミーティング事前メモ、コンピテンシーリスト、コンピテンシー選択に関するヒント、（パフォーマンスの期待評点を選択している場合は）評点尺度の記述、職務特性などを事前に送りましょう。コンピテンシーモデルの例も手元に持っておきたいでしょう。付録B 例示3のミーティング前の連絡メモを参照してください。

169

付録B　例示3　SME へのジョブ・プロファイリング・メモ例

XYZ 社 ジョブ・プロファイリング

■ メモ

To：XYZ 社　ジョブ・プロファイリング参加者
From：ナタリー・ジョーンズ、ピーター・スミス
Date：2010 年 5 月～6 月
Re：ジョブ・プロファイリング会議

■ ジョブ・プロファイリングの紹介

「ジョブ・プロファイリング」とは

ジョブ・プロファイリングは XYZ 社におけるさまざまな職務で必要なコンピテンシーと技術スキルを特定するプロセスである。

目的

XYZ 社は独自の包括的なタレントマネジメントシステムを構築している。
（コンピテンシーモデル開発を含む）ジョブ・プロファイリングは、タレントマネジメントとパフォーマンスマネジメントの基盤である。ジョブ・プロファイリングは、従業員が現状および将来の職位のために開発すべき領域について優先順位づけすることを手助けする。「ジョブ・プロファイリング」とは、キャリア開発に加え、従業員の採用、後継者育成計画、360 度アセスメント・レビュー、パフォーマンスレビューに対して重要な情報を提供する。

利益

タレントマネジメントシステムは、従業員が現状の職位で責任を全うできるように支援する高品質のツールであり、さらに現状より高報酬の責任や職位へ順調に成長し、資格認定される基礎を提供している。

タレントマネジメントを行うことで、XYZ 社はいろいろな利益を享受できる。

1. 個人のパフォーマンスに対する説明責任が増大する
2. 組織により積極的な文化が醸成される
3. 個人のキャリア向上計画を支援する
4. 主要な職位に対する最適な人物を特定する
5. 効率的に内部タレントを育成する能力を改善する
6. プロジェクトや委員会で必要なタレントを指名する能力を開発する
7. 組織の多様性を醸成する
8. 優れた従業員を引きつける
9. 優れた従業員を引き止める
10. スタッフ不足が予想されている現状、または将来のニーズに対応する

付録B　コンピテンシーモデル開発：コンピテンシー特定の基本

付録B　例示3　SMEへのジョブ・プロファイリング・メモ例（続き）

いつ何をするのか

- ・ジョブ・プロファイリング・ミーティングごとにSMEが選抜される。SMEは、職務の経験者でその職位において監督者であるような、特定の分野に関する知識が豊富な人である。
- ・SMEは、1つまたは複数の職務に関連する情報の提供が求められる。ジョブ・プロファイリング・ミーティングを完了させるために、1.5時間から3時間ほどミーティングへの参加をお願いすることになるが、これは私たちが職務を完全に理解し、広範囲の情報を収集するために必要とする標準的な時間である。

必要な準備

- ・もし、最新の職務記述書がなければ、プロファイリングする職務に関連する主要な職務タスクのリストを準備してもらいたい。通常、リストには5ないし15の主要なタスクが記載される。タスクのリストを、可能であればミーティング（ミーティング日程が決まっている場合には記述）の48時間前に提出していただきたい。
  以下に職務タスクの例を示す。
  - ▶ 従業員のパフォーマンスレビュー・プロセスを開始し管理する
  - ▶ XYZ社のマーケティング・プログラムを推進するため、3カ月に1回、地域オフィスを訪問する

会議前および会議中に使う資料

1. ジョブ・プロファイリングの紹介
2. 職務タスク・グループの定義
3. 職務特性

もし、質問や追加情報のニーズがあれば、遠慮なくHRやトレーニング責任者に連絡をお願いします。

ジョブ・プロファイリング・ミーティングの手順

通常、ジョブ・プロファイリング・ミーティングは以下の手順1から7を含む。手順8〜9はオプションで、通常は別のミーティングで実施される。各手順の予測時間のガイドラインは、以下の通りである。

1. 職務タスクリストのレビューと改編　　　　　　　（10−20分）
2. タスク・グループへの職務タスクの割り当て　　　（5−10分）
3. タスク・グループへの重みづけ設定　　　　　　　（5−10分）
4. コンピテンシー選択　　　　　　　　　　　　　　（30−45分）
5. コンピテンシーとタスク・グループのひもづけ　　（10−15分）
6. コンピテンシーの重みづけの設定と微調整　　　　（5−15分）
7. 職務特性の選択　　　　　　　　　　　　　　　　（10分）
8.（オプション）パフォーマンスの期待レベル設定　（30−90分）
9.（オプション）職務パフォーマンス標準開発　　　（30−120分）

付録B 例示3 SMEへのジョブ・プロファイリング・メモ例（続き）

コンピテンシー選択のガイドライン

主要コンピテンシーの選択には、「少ないのに越したことはない」というガイドラインを適用する。80%の影響を与える20%のコンピテンシーを取り出すこと。規則として、全部で15ないし30の主要コンピテンシー（コア・コンピテンシーを含む）を選択する。

コンピテンシーを選択する前に、以下の5つの質問に「はい」と言えるかどうかを確認すること。

1. そのコンピテンシーは、職務でパフォーマンスを成功させるために必須のものですか？
2. このコンピテンシーをもっていない人をトレーニングすることは、困難で時間や費用がかかりますか？
3. このコンピテンシーは有効であるという認識が十分にされているものですか？
4. 現在の職務従事者は、このコンピテンシーをもつことが困難ですか？ 言い換えれば、このコンピテンシーは開発の優先順位が常に高いものですか？
5. このコンピテンシーは、すでに選択した他のコンピテンシーと明らかに異なるものですか？

職務特性

この評点フォームは、職務が以下の各特性で特徴づけられる度合いを特定するものである。これらの特性は、現職者が作業する環境を記述し、職務満足に影響を与える因子のタイプである。職務環境に唯一の「最良」はない。有用性を担保するため、正直に評価してもらいたい。

今回、以下の職務特性それぞれに対して、5点スケールの中で最も当該職務の職務特性のレベルを表している数字を○で囲んでください。この評点は職務についての「こうありたい」ではなく、今日現在を反映するものとする。必ず5つの数字の中から1つを○で囲み、数字の間には付けないこと。

A．独立性

低い　　　　　　　　　　　　　　　　　　　　　　　　　　高い

ほとんどの決定は行動する前に　　1　2　3　4　5　　ほとんどの決定は他者の
他者の承認を最初に受ける　　　　　　　　　　　　　　　事前承認なしで実施できる

手順3：職務タスクをタスク・グループへ割り当てる

次の手順は職務タスク・グループに職務タスク（または、アプローチの好みによっては職務役割や仕事での主要成果物）を組み込む（または修正する）ことです。5から15のタスクとなるのが通例ですが、時にはそれ以上あるいはそれ以下になることもあり、これも適当です。タスク・グループの名称

付録B　コンピテンシーモデル開発：コンピテンシー特定の基本

を選択して適切なタスクを各グループに入れます。

手順4：タスク・グループへの重みづけ設定

　次に、タスク・グループに重みづけをします。パーセント表示で十分ですが、カシオ・ラモス（the Casio-Ramos ／以降 CR）推定アプローチのほうがよいでしょう。CR では総合計が 100 にはなりませんが、従来のパーセンテージ法に比べて、より簡単に正確な重みづけができます。CR では、最も重要なタスク・グループに 100 ポイントを与え、その他のグループには 100 ポイントのグループとの相対的な重みづけを付与します。たとえば、あるタスク・グループの重要度が半分ならばそのグループポイントは 50 になります。もし希望するならば、CR による重みづけを完了した後にパーセンテージ法に変換することもできますが、その必要はありません。

手順5：コンピテンシー選択

　次に、コンピテンシー・ライブラリーからコンピテンシーを選択します。一般的に、全部で 15 から 35 のコンピテンシーを選択することを推奨します。この手順は全プロセスの中で最も重要なものの1つで、ミーティング時間の4分の1から3分の1を使用してもよいでしょう。各コンピテンシーを一人ずつ検討していったり、全コンピテンシー・ライブラリーを同時に検討したりするのではなく、SME にコンピテンシー・グループを1つ任せ、それが終わったら別のグループを順序立てて検討することを勧めます。

　ファシリテーターはあまりにも多くのコンピテンシーを選択し過ぎないようにすることが重要です。主要なコンピテンシーを選択するとき、「少ないに越したことはない」と発言してください。80% の影響を与える 20% のコンピテンシーを取り出してください。（コア・コンピテンシーの場合を除き）特定のコンピテンシーモデルのコンピテンシーを選択する前に、以下の5つの質問に「はい」と言えるかどうかを確認してください。

　▶ そのコンピテンシーは、職務でパフォーマンスを成功させるために必須

のものですか？

▶ このコンピテンシーをもっていない人をトレーニングすることは、困難で時間や費用がかかりますか？

▶ このコンピテンシーは有効であるという認識が十分にされているものですか？

▶ 現在の職務従事者はこのコンピテンシーをもつことが困難ですか？
言い換えれば、このコンピテンシーは開発の優先順位が常に高いものですか？

▶ このコンピテンシーは、すでに選択した他のコンピテンシーと明らかに異なるものですか？

時々、ある職務についてプロファイリングしていると、ライブラリーには必要な重要コンピテンシーが欠落していることに気がつくでしょう。そのときは、ライブラリーに追加する必要があります。

手順6：コンピテンシーとタスク・グループをひもづける

コンピテンシーとタスク・グループをつなげてみることは、選択したコンピテンシーの妥当性を高め、法的に正当であるとみられることを確実にする効果的な方法です。コンピテンシーとタスク・グループを連結するため、コンピテンシーがどの職務で使われているかを特定してください。たとえば、4つのタスク・グループ（タスク・グループA－D）があったとして、そこに「チームワーク・コンピテンシー」を連結させるとします。そして、タスク・グループAとCに属するタスクを実行するときには、チームワークは重要となり、タスク・グループBとDに属するタスクを実行するときにはそれほど重大でないかもしれません。

手順7：コンピテンシーの重みづけの設定と微調整

コンピテンシーの重みづけ設定はオプションですが、利益をもたらします。最も重要なコンピテンシーを知るということは、トレーニングニーズを決定

付録B　コンピテンシーモデル開発：コンピテンシー特定の基本

したり、従業員を選んだり、コンピテンシーモデルの法的防御性を確立させることに役立ちます。

　コンピテンシー群に対して相対的な重要度を決めたり、順位づけするのは単純ではありません。もし2、3人のSMEがコンピテンシーに順位をつけるように要請しても、全員が合意しないことがしばしば起こるでしょう。コンピテンシーに順位づけする論理的な1つの方法は、タスク・グループとコンピテンシーとの連結（手順6を参照）に基づいて、重みづけを割り当てることです。たとえば、チームワークはタスク・グループAとCに連結しているとします。もし、タスク・グループAの重みづけが100ポイントで、タスク・グループCの重みづけが50ポイントとすると、チームワークは150ポイントとして、他のコンピテンシーと比較し順位づけできます。パーセンテージによる重みづけを計算するのもまた簡単です。全ポイントの総和を求め、各コンピテンシーの重みづけのポイントをその総和で割り算します。たとえば、150ポイントをトータル1000ポイントで割れば、15％の重みづけとなります。

　ポイント総和で計算するのはスタートとしては良い方法ですが、さらに、この順位やコンピテンシーの重みづけに対して、SMEが調整を実施したいかを質問します。通常、コンピテンシーの重みづけは、3ないし4の異なるレベル、たとえば7.5％、5.0％、3.0％に分類されます。もし、1つのコンピテンシーがあまりにも高かったりあるいは低かったりしたら、それを1ないし2レベル上下させましょう。

手順8：職務特性の選択

　職務特性を完成させるのはオプションですが、これも有益です。SMEは個人がどれくらいその職務を好むかに影響を及ぼす職務特性に関する情報の提供を求められます。たとえば、多様な職務があるか、職務のペースは遅いかそれとも速いかといった情報と、個人の嗜好を突き合わせた職務特性は、キャリア開発や後継者育成計画の決定をより良くすることに使用できます。従業員はこの情報によって、職務特性ギャップ（この職務は自分の嗜好に合っているか？）とコンピテンシーギャップ（つまり、この職務ができるか？）を認識します。

175

手順9：パフォーマンスの期待レベル（DPL）設定

　この手順もまたオプションですが、コンピテンシーモデルによる予測性を高めることになります。DPL を理解するため、プロジェクト計画のようなコンピテンシーを評価する、以下のような尺度が使用されていると想像してください。
　　1 = 未経験者
　　2 = 初心者
　　3 = 一人前
　　4 = 上級者
　　5 = 熟達者

　ある人が、５段階中の３段階と評価されたので、トレーニングギャップが存在すると単純に推定するのは間違っています。職務によっては初級者レベルの知識があれば十分である一方、他の職務では上級者や熟達者の知識が必要とされるかもしれません。パフォーマンスの期待レベルを特定することによって、トレーニングギャップが存在するのかどうかをより正確に決定することができます。

手順 10：職務パフォーマンスの標準を開発する

　必要に応じて、職務標準をタスク・グループごとに開発してもよいでしょう。通常、職務標準はパフォーマンスの許容レベルを定義として使います。したがって、職務標準はトレーニング効果の評価、認定、パフォーマンスレビューの要素として使用することができます。職務標準を作成するとき、SME が顕著な成果を上げている人のパフォーマンスや行動にフォーカスすることを推奨します。具体的には、以下のような質問に従ったブレーンストーミングを行います。

　▶ 成果が顕著であるとはどういう意味ですか？
　▶ このタスク・グループに関して、これまで見てきた中で一番のハイパフ

付録B　コンピテンシーモデル開発：コンピテンシー特定の基本

ォーマーは誰かについて考えてください。彼のどういった行動が、あなたにそう思わせるのでしょうか？

▶「一層の努力をする」とはどういう意味ですか？

さらなる助言

　ほとんどの人にとって、コンピテンシーモデル開発を学ぶことは難しくはありませんが、うまく行うには努力が必要です。2つの主要な懸案事項は、妥当なデータの収集と、効果的なグループ（SME）に対するファシリテーションによってチームを動機づけ、満足させ、生産性を保つことです。効果的なファシリテーターはプロセスの成功に対して非常に大きく関与します。

　妥当なデータを収集するために、ファシリテーターはSMEに対して話し合いの準備を丁寧にしておかなければなりません。SMEは、多くのコンピテンシーを選び過ぎる傾向があるのに対し、ファシリテーターには先に記述したコンピテンシーの選択基準に合致しているかどうかを質問することが求められます。ファシリテーターは関連しているが選択されていないコンピテンシーについて質問することで、付加価値をつけることもできます。最後に、ファシリテーターはグループが確実にプロセスの手順を完遂するように働きかけることで、コンピテンシーモデルの品質を向上させることができます。ファシリテーターは、各手順で情報が堅実に特定されたと自信がもてるまで、先導者として議論を続けさせなければなりません。

　常に、グループ・ファシリテーション・スキルがSMEグループを効率的に先導します。ジョブ・プロファイリング・ミーティングは広い領域をカバーしています。ファシリテーターはミーティングを活発に、そしてスピーディーに進行させながらも、高品質のデータが収集できるようにミーティングのペースを保つことが重要です。ファシリテーターは穏やかな静寂が支配しているときに、寡黙な参加者を自然に引っ張り出さなければなりません。しばしば、職位の違いや上司と部下の関係にある参加者という状況も現れますが、部下が自由に参加できるよう、うまく取り扱わなければなりません。

例1：大工の基本コンピテンシーモデル

　ある会社で大工を雇用する必要が生じたとします。どのようなコンピテンシーが求められるのでしょうか。事実として、「大工」は多くの異なったタスクを実際に行うことができます。米国労働省は、建築大工・粗大工・乾式壁大工・木造建築大工・家具職人などさまざまな塗装業者を定義しています。ほとんどの職務でも同じような名称の分化が生じています。このため、コンピテンシー選択の前に職務のタスクを特定する必要があります。

　建築大工のコンピテンシーを定義したいとしましょう。前に記述した構造化アプローチを用いると、結果は付録B　例示4に示すようなものになるでしょう。職務の意味合いに応じて、建築大工のモデルも会社ごとに異なるでしょう。

付録B　例示4　大工のコンピテンシーモデル

	コンピテンシー番号	コンピテンシー名	重みづけ	タスク・グループ	パフォーマンスの期待レベル
1	2801	細部までこだわる	8.5	☑A ☑B ☑C	初期値　▼ 初期値：5 － 常時
2	2821	達成を目指す	8.5	☑A ☐B ☑C	初期値　▼ 初期値：5 － 常時
3	17503	大工の基本	8.5	☑A ☐B ☑C	初期値　▼ 初期値：5 － 常時
4	406	金属絵を作成する	6.1	☑A ☑B ☐C	初期値　▼ 初期値：5 － 常時
5	304	幾何計算	6.1	☑A ☑B ☐C	初期値　▼ 初期値：5 － 常時
6	1006	機器の基礎	3.7	☑A ☐B ☐C	初期値　▼ 初期値：5 － 常時
7	15613	道具の適切な選択	3.7	☑A ☐B ☐C	初期値　▼ 初期値：5 － 常時
8	15701	合わせ組立て	3.7	☑A ☐B ☐C	初期値　▼ 初期値：5 － 常時
9	1201	組織的安全遵守	3.7	☑A ☐B ☐C	初期値　▼ 初期値：5 － 常時

付録B　例示4　大工のコンピテンシーモデル（続き）

	コンピテンシー番号	コンピテンシー名	重みづけ	タスク・グループ	パフォーマンスの期待レベル
10	159901	機械据付立上げ	3.7	☑A ☐B ☐C	初期値 ▼ 初期値：5 － 常時
11	15902	機械点検	3.7	☑A ☐B ☐C	初期値 ▼ 初期値：5 － 常時
12	15904	材料除去	3.7	☑A ☐B ☐C	初期値 ▼ 初期値：5 － 常時
13	15905	装置の取り外し	3.7	☑A ☐B ☐C	初期値 ▼ 初期値：5 － 常時
14	15906	装置清掃	3.7	☑A ☐B ☐C	初期値 ▼ 初期値：5 － 常時
15	15908	装置と道具の調整	3.7	☑A ☐B ☐C	初期値 ▼ 初期値：5 － 常時
16	15903	機械の安全確認	3.7	☑A ☐B ☐C	初期値 ▼ 初期値：5 － 常時
17	15603	部品加工	3.7	☑A ☐B ☐C	初期値 ▼ 初期値：5 － 常時
18	17604	塗装	3.7	☑A ☐B ☐C	初期値 ▼ 初期値：5 － 常時
19	17605	乾式壁とパネルの取り扱い	3.7	☑A ☐B ☐C	初期値 ▼ 初期値：5 － 常時
20	17612	木工と塗装	3.7	☑A ☐B ☐C	初期値 ▼ 初期値：5 － 常時
21	15606	図面読解	2.4	☐A ☐B ☑C	初期値 ▼ 初期値：5 － 常時
22	15807	目視検査	2.4	☐A ☑B ☐C	初期値 ▼ 初期値：5 － 常時
23	15812	治具点検	2.4	☐A ☑B ☐C	初期値 ▼ 初期値：5 － 常時

例2：上級幹部の2階層コンピテンシーモデル

　コンピテンシーモデルは、関係するコンピテンシーそれぞれを関連づけながら構成することもできます。たとえば、合衆国政府の上級幹部サービスはリーダーシップ・コンピテンシーを5つの「幹部中核資格」（Executive

Core Qualifications ／以降 ECQ）で定義しました。ECQ はそれぞれが 4 ないし 6 のコンピテンシーをもっています。ECQ は以下の通りです。

- ▶ ECQ1：変革を主導する
- ▶ ECQ2：人々を主導する
- ▶ ECQ3：結果を導く
- ▶ ECQ4：ビジネスに対する洞察
- ▶ ECQ5：同盟を構築する

ECQ1:「変革を主導する」に対応するコンピテンシーは以下の通りです。

▶ **創造性とイノベーション**
状況に対して新しい洞察を導く。従来のアプローチに疑問を呈する。新しいアイデアやイノベーションを奨励する。新しい時代の先端を行くプログラムおよびプロセスをデザインし、導入する

▶ **外部意識**
組織やステークホルダの意見形成に影響を与える、地域、国、世界の政治や動向を理解し、最新状況に更新し続ける。組織に対する外部環境からの影響に気づく

▶ **柔軟性**
変化や新しい情報に対して寛容である、新しい情報や状況変革、予想外の障害に対して素早く適応する

▶ **回復力**
プレッシャーに対して効果的に対処する、逆境下においても楽観的で粘り強い、挫折から素早く回復する

▶ **戦略思考**
目標と優先順位を策定し、グローバル環境において、組織の長期利益に合致する計画を実行する、好機に投資しリスクを管理する

▶ **ビジョン**
長期的視点から他者との共有ビジョンを構築する、組織変革の触媒の役割を演じる、他者に影響を与え、ビジョンを行動に移させる

付録B　コンピテンシーモデル開発：コンピテンシー特定の基本

例3：学習プロフェッショナルの3層コンピテンシーモデル

ATDが開発したワークプレイスラーニング＆パフォーマンス（WLP）プロフェッショナルのモデルを検討します。

付録B　例示5　ATD WLPコンピテンシーモデル

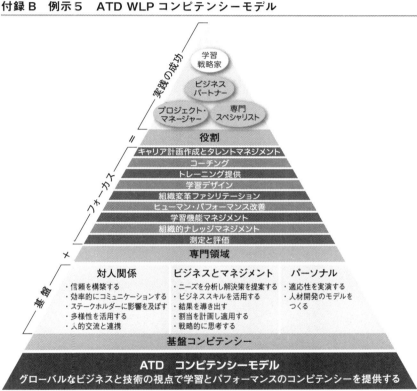

出典：Copyright © 2008 American Society of Training and Development (ASTD)

ATDによると、学習とパフォーマンスに関するATDのWLPコンピテンシーモデルは、深く包括的な学習プロフェッショナルの研究から導き出されたものです。このモデルは、学習とパフォーマンスの現場にいる専門家のための、役割、専門領域、基盤コンピテンシーを特定しています。

コンピテンシーモデルの先端は4つの役割で構成され、WLPプロフェッ

ショナルはこれら4つのレンズを通してモデルを見ることになります。役割は対象とするコンピテンシーをまとめたものです。個人の職務は1つまたは複数の役割で記述されるかもしれません。4つの役割は以下の通りです。

▶ 学習戦略家
▶ ビジネスパートナー
▶ プロジェクト・マネージャー
▶ 専門スペシャリスト

　次は専門領域（Area Of Expertise ／以降 AOE）です。AOE は、個人が学習とパフォーマンスの役割を遂行するために必要な特別な知識とスキルです。ATD は WLP プロフェッショナルにとって重要だと考えられる9つの専門領域を特定しました。

▶ キャリア計画作成とタレントマネジメント
▶ コーチング
▶ トレーニング提供
▶ 学習デザイン
▶ 組織変革ファシリテーション
▶ ヒューマン・パフォーマンス改善
▶ 学習機能マネジメント
▶ 組織的ナレッジマネジメント
▶ 測定と評価

　最後に、ATD は基盤となるコンピテンシーを定義しました。これらは学習とパフォーマンスに関するプロフェッショナルに要求されるコンピテンシーです。これらのコンピテンシーは以下の3つのグループに分類されています。

▶ 対人関係：人、政策、変革に対して、どれだけうまく一緒に働き、管理し、影響を与えるか
▶ ビジネスとマネジメント：どれだけうまく状況を分析し、決断し、解決策を実行に移すことができるか

付録B　コンピテンシーモデル開発：コンピテンシー特定の基本

▶ パーソナル：自分のキャリアを広げるため、どれだけうまく変革を受け入れ、個人的な決断を行うか

良いコンピテンシーモデルは進化し続ける

　古いコンピテンシーモデルは、時代遅れの職務記述書においてはそこそこ有益でしょう。コンピテンシーモデルは包括的に進化させることができ、また現状のニーズを反映させて更新することもできます。シャープ株式会社が良い事例です。

　シャープでは、早い時期からコンピテンシーモデルを採用していました。シャープは最初にコア・コンピテンシーモデルを開発しました。7年後、第2フェーズに乗り出すことを決定しました。第2フェーズでは、営業とマーケティングの職務機能の中で戦略上重要なものを特定し、5つのコンピテンシーモデルをつくりました。また、独自のコア・コンピテンシーモデルの改訂も行いました。第3フェーズの計画では、選抜、昇進、パフォーマンスマネジメントの手続きと決定に対して、このモデルを統合する予定です。

　コンピテンシーモデル開発の課題の一部は、企業文化、ニーズ、そしてリソースに従って進めることですが、コンピテンシーモデルのデザイン・プロセスでは、これらすべてが必要と考えられています。組織の多様性は、デザインの決定に影響します。たとえば以下のような項目に対してです。

▶ 一般的な少数のコンピテンシーモデルを作成するのか、多くの役割に対する特別なコンピテンシーモデルを作成するのか
▶ SMEの選択
▶ 以前開発した内容とSMEとの活用
▶ トレーニング、従業員の採用、後継者育成、報酬、またはこれらの結合に対応させたコンピテンシーモデルの利用
▶ コンピテンシーへの重みづけ、パフォーマンスの期待レベル、コンピテンシーとタスクとの関連づけなど、コンピテンシーモデル開発プロセスへの一部の組み込みや破棄

183

- ▶ アセスメントや能力開発リソース・ガイドなど、関連するタレントマネジメントの各種コンポーネント（ツール）の開発
- ▶ コンピテンシーモデルの作成時に内部または外部ファシリテーターのどちらを使うか、あるいは内部または市販のコンピテンシー・ライブラリーのどちらを使うか
- ▶ コンピテンシーモデル開発プロセスにおけるテクノロジーの役割の決定
- ▶ コンピテンシーモデルの更新のアプローチとスケジュールの作成

　スポンサーや重要な構成要素を巻き込んで、注意深く実施されるマネジメント変革の実践は、適切なアプローチを決定することを支援するでしょう。2つの組織がまったく同じ道を進むことはあり得ません。状況に合うように調整することを強く推奨します。また、あなたのアプローチを広く展開する前に十分なパイロット・テストを行い、そこから得た教訓や条件の変化に基づいてプロセスを微調整することも助言します。

参照文献

Alldredge, M. E., & Nilan, K. J. (2000). 3M's leadership competency model: An internally developed solution. Human Resource Management, 39(2 & 3), 133–145.

Ambient Insight Research. (2009). Learning and performance technology research taxonomy. Retrieved from www.ambientinsight.com

American Society for Training & Development (ASTD). (2009). Learn from the BEST 2009, Reliance Industries, Limited, Talent Transformation Initiatives. T+D Magazine. Retrieved October 2009, from http://www.astd.org/TD/

American Society for Training & Development (ASTD). (2009). 2009 state of the industry report. Alexandria, VA: ASTD Press.

Ash, R. A., Battista, M., Carr, L., Eyde, L. D., Hesketh, B., Kehoe, J., Pearlman, K., Prien, E. P., Sanchez, J. I., & Schippmann, J. S. (2000). The practice of competency modeling. Personnel Psychology, 53(3), 703–740.

Bersin & Associates. (2007). The learning content maturity model: Developing a framework for integrated training and knowledge management.

Bersin, J. (2009, October). The checklist for modern enterprise learning: Staying current in fast-changing markets. Chief Learning Officer.

Boyatzis, A. R. (1982). The competent manager: A model for effective performance. New York: John Wiley & Sons, Inc.

Bright, A., Gowing, M. K., Gregory, D., Patel, R., & Rodriguez, D. (2002, Fall). Developing competency models to promote integrated human resource practices. Human Resource Management, 41(3), 309.

Brown, J. (2009). Mobile Learning 101. ASTD TechKnowledge Conference.

Retrieved January 28, 2009, from http://tk09.astd.org/sessionhandouts.html

Campbell, A., & Luchs, K. (1997). Core competency-based strategy. Florence, KY: Delmar Cengage Learning Business Press.

Cohen, D. (2001). The talent edge: a behavioral approach to hiring, developing, and keeping top performers. New York: Wiley & Sons, Inc.

Competency management: Cracking the code for organizational impact. T+D Magazine. Retrieved June 2008, from http://store.astd.org/Default. aspx?tabid=167&ProductId=19148

Davenport, R. (2005). Why does Knowledge Management still matter? T+D Magazine. Retrieved February 2005, from www.astd.org/TD/

DePree, M. (2004). Leadership is an art. New York: Broadway Business.

Derven, M. (2008). Lessons learned: Using competency models to target training needs. T+D Magazine, 62(12), 68.

Dubois, D., and Rothwell, W. (2004). Competency-Based Human Resource Management. Palo Alto, CA: Davies-Black Publishing.

Dubois, D., and Rothwell, W. (2004). Competency-based or a traditional approach to training? T+D Magazine, 58(4), 46–57.

Dubois, D. D. (1993). Competency-based performance improvement: a strategy for organizational change. Amherst, MA: Human Resource Development Press.

Dubois, D. (1998). The competency casebook. Amherst, MA: Human Resource Development Press.

Dubois, D. (1997). The executive's guide to competency-based performance improvement. Amherst, MA: Human Resource Development Press.

Dubois, D., & Rothwell, W. (2000). The competency toolkit. 2 vols. Amherst, MA: Human Resource Development Press.

Ey, P. E. (2006). A track-by-level approach to performance competency modeling. Touro University International.

Feeney, M., & Krieger, D. (2007). Developing job-specific learning programs. Infoline, no. 250711. Alexandria, VA: ASTD Press.

Francois, V., & Harzallah, M. (2002). IT-based competency modeling and management: From theory to practice in enterprise engineering and operations.

Computers in Industry, 48(2), 157–159.

Gebele, S. (Ed.) (1999). Successful executive's handbook. 2nd ed. Minneapolis: Personnel Decisions, Inc.

Gebele, S. (Ed.) (2004). Successful manager's handbook: develop yourself, coach others. 7th ed. Minneapolis: ePredix.

Gilbert, T. (2007). Human competence: engineering worthy performance. Tribute edition. San Francisco: Pfeiffer & Co.

Goldsmith, C., Hodges, K., Martin, J., & Parskey, P. (2004). Looking in the mirror: performance improvement for performance improvers. International Society for Performance Improvement, 43(2), 36–43.

Grigoryev, P. (2006). Hiring by competency models. Journal for Quality & Participation, 29(4), 16–18.

Hall, C. (2009). Proven KM strategies: Five best practices that ensure Knowledge Management success. Retrieved October 19, 2009, from www.inquira.com/resources_articles.asp

Hayes, J. (2007). Evaluating a leadership development program. Organization Development Institute.

Hirschman, C. (2008). Building the bench. Human Resource Executive, 22(8), 35–37.

Howard, C. (2007). The learning content maturity model: Developing a framework for Integrated Training and Knowledge Management. Bersin & Associates Research Report. Retrieved January 31, 2007, from www.bersin.com

Johnson, C. (2008). Thinking differently about mobile learning. ASTD Learning Circuits. Retrieved September 1, 2008, from http://www.astd.org/lc/2008/0908_johnson.html

Kahane, E. (2008). Competency management: Cracking the code for organizational impact. T+D Magazine, 62(5), 70–76.

Kanaga, K. (2007). Performance test: Designing an effective competency model. Leadership in Action, 27(4), 7–10.

Kirkpatrick, D., & Kirkpatrick, J., (2006). Evaluating training programs: The four levels, 3rd ed. San Francisco: Berrett-Koehler.

Krieger, D., & Feeney, M. (2006). From basic competencies to job specific curriculums. ASTD Links, 5(8).

Krompf, W. (2007). Identify Core Competencies for Job Success. Infoline, no. 250712. Alexandria, VA: ASTD Press.

Laff, M. (2008). Emotional notions. T+D (Training and Development) Magazine, 62(2), 12–13.

Lamoureux, K. (2009, October). Experiential learning: Make it the core of the LD program. Leadership Excellence, 26(10), 10.

Lievens, F., & Sanchez, J. I. (2007). Can training improve the quality of inferences made by raters in competency modeling? A quasi-experiment. Journal of Applied Psychology, 92(3), 812–819.

Lucia, A., & Lepsinger, R. (1999). The art and science of competency models: pinpointing critical success factors in organizations. San Francisco: Pfeiffer & Co.

Mallon, D. (2009). Providing learning at the speed of the business: Using an integrated rapid e-Learning development and virtual classroom platform. Bersin & Associates Research Report. Retrieved September 29, 2009, from www. bersin.com

Mallon, D., Bersin, J., Howard, C., & O'Leonard, K. (2009). Learning management systems 2009: Facts, practical analysis, trends and provider profiles. Bersin & Associates Research Report. Retrieved April 14, 2009, from www.bersin.com

Metcalf, D. (2008). mLearning Quickstart Workshop. ASTD TechKnowledge Conference, February 21, 2008.

Mirabile, R. J. (1997). Everything you wanted to know about competency modeling. T+D Magazine, 51(8), 73.

Montier, R., Alai, D., & Kramer, D. (2006). Competency models develop top performance. T+D Magazine, 60(7), 47–50.

Morrison, M. (2007). The very model of a modern manager. Harvard Business Review, 85(1), 27–39.

Paquette, G. (2007). An ontology and a software framework for competency modeling and management. Educational Technology & Society, 10(3), 1–21.

Prastacos, G. P., Soderquist, K. E., & Vakola, M. (2007). Competency management in support of organizational change. International Journal of Manpower, 28(3/4), 260–275

Randstad Human Capital Survey. (2008). Retrieved December 1, 2008, from www.randstadusa.com

Riermeier, M., & Zimmerman, T. (2005). Creating a business-focused IT function. Strategic HR Review, 4(6), 28.

Robertson, I., Gibbons, P., Baron, H., MacIver, R., & Nyfield, G. (1999). Understanding management performance. British Journal of Management, 10(1), 5–12.

Rothwell, W. (2009). The manager's guide to maximizing employee potential. New York: AMACOM.

Rothwell, W. (2002). The workplace learner: how to align training initiatives with individual learning competencies. New York: AMACOM.

Rothwell, W., Butler, M., Maldonado, C., Hunt, D., Peters, K., Li, J., & Stern, J. (2006). Handbook of training technology: an introductory guide to facilitating learning with technology — From planning through evaluation. San Francisco: Pfeiffer & Co.

Rothwell, W., & Kazanas, H. (2004). Improving on-the-job training: How to establish and operate a comprehensive OJT program. 2nd ed. San Francisco: Pfeiffer & Co.

Rothwell, W., & Kazanas, H. (2008). Mastering the instructional design process: A systematic approach. 4th ed. San Francisco: Pfeiffer & Co.

Rothwell, W., & Lindholm, J. (1999). Competency identification, modeling and assessment in the USA. International Journal of Training and Development, 3(2), 90–105.

Rothwell, W., Prescott, R., & Taylor, M. (2008). Human resource transformation: Demonstrating strategic leadership in the face of future trends. San Francisco: Davies-Black Publishing.

Salopek, J. (2008, August). Keeping it real. T+D Magazine. Retrieved August, 2008, from www.astd.org/TD/

Sanghi, S. (2003). The handbook of competency mapping: understanding, designing and implementing competency models in organizations. London, UK: Response Publishing.

Schoonover, S. C. (2003). HR competencies for the new century. Retrieved October 19, 2009, from http://www.schoonover.com/pdf/HR_Competencies_for_the_New_Century_Final.pdf

Schweyer, A., Newman, E., & DeVries, P. (2009). Talent management technologies: A buyer's guide to new, integrated solutions. Washington, DC: Human Capital Institute Press.

Seema, S. (2009). Building competencies. Industrial Management, 51(3), 14.

Spencer, L., & Spencer, S. (1993). Competence at work: models for superior performance. New York: John Wiley & Sons, Inc.

Stines, A. C. (2003). Forecasting the competencies that will define "best-in-class" business-to-business market managers: An emergent delphi-hybrid competency forecasting model. ProQuest Dissertations and Theses.

Standaert, C. (2008). ArcelorMittal: Speaking the language of business. Chief Learning Officer, 7(6), 60–61.

Thompsen, J. (2006). Aligning content strategies with workforce competencies. Chief Learning Officer, 5(4), 54–58.

Wood, R., & Payne, T. (1998). Competency-based recruitment and selection. New York: John Wiley & Sons, Inc.

Websites

Epocrates. (2009, October). http://www.epocrates.com/products/

http://74.125.93.132/search?q=cache:tPwv3nJiHpMJ:training.fema.gov/EMIWeb/downloads/CharlesSturtULunn.doc+competency+model+examples&cd=19&hl=en& ct=clnk&gl=us — A competency model for the Education Training and Development Field used by FEMA

参照文献

http://books.google.com/books?id=YTHeqeXn9ewC&dq=Achieving+the+Perfect+
Fit&printsec=frontcover&source=bl&ots=u68UTQUTbY&sig=aiUC_1qcvKQ
QUmBW2Jj-tCUqIM0&hl=en&ei=45ncSsH9D5PGMZqT8d8H&sa=X&oi=bo
ok_result&ct=result&resnum=2&ved=0CBAQ6AEwAQ#v=onepage&q=&f=f
alse — An online book called Achieving the Perfect Fit by authors Boulter, N.,
Dalziel, M., & Hill, J.

http://careerclusters.org/resources/pos_ks/FoundationKSCharts/2008/
IT-102-KSCHART.pdf — An actual competency model of sort, IT career
cluster of knowledge and skills required for the field

http://edweb.sdsu.edu/people/arossett/pie/Interventions/career_1.htm — An
overview of what competency modeling is, how to develop models, and use
them in your organization

http://joshbersin.com/2007/12/13/wow-performance-management-really-matters-
in-retail/— A brief excerpt related to Bersins Talent Management Database
supporting competency modeling for the retail industry

http://portal.cornerstones4kids.org/content160.html — Links to pdfs & word
documents with example competency libraries/models and instructions on how
to build ones of your own

http://techcompetencies.com — Links that can lead you to find other resources on
competency modeling and competency libraries

http://thecfoalliance.org/files/2009/04/talent_management_state_of_the_industry.
pdf — A section on page 5 gives information on how competency models are
misunderstood and misused

http://www.astd.org/NR/rdonlyres/8643DEC9-306B-4634-A661-281EC2DF49FE
/0/010942ChapCompModelUpdate.pdf — Competency Model for Chapter or
Association Leaders

http://www.astd.org/NR/rdonlyres/B922E7D3-8155-4451-B5C9- 5C0DA4401E6/0/
SanDiegoStrategicModel.doc-2009-10-14 — ASTD Competency Model for
Work learning and performance specialists

http://www.astd.org/NR/rdonlyres/77858E92-6BA1-4150-8649-44B5013C9BD8/0/
Infosys.pdf — Brief overview of Infosys programs for building employee

competencies. ASTD Learn from the Best, 2008.

http://www.astd.org/NR/rdonlyres/2B14FBA9-D13B-4303-8858-E66705292A37/0/
KeepingitRealcolumnAugust2008TDarticle.pdf — "Keeping it Real." ASTD
White Paper on keeping Workplace Learning and Performance Competency
model current, 2008

http://www.astd.org/NR/rdonlyres/1A99E24F-4BD4-4473-89DE-1ECE3CF0108/0/
RILRefinery_handouts.pdf — ASTD Learn from the Best, 2009, Reliance
Industries, Limited, Talent Transformation Initiatives

http://www.bersin.com/Research/Content.aspx?id=136&fid=6832 — Highlights
Bersin's competency management; link includes research reports, research
bulletins, webinars, and PowerPoint presentations

http://www.britishcouncil.org/teacherrecruitment-recruitment-policy-competencies.
htm — British Council's website which provides key indictors they use for
recruitment and to describe their jobs

http://www.brown.edu/Administration/Human_Rescurces/downloads/
CompetencyAssessmentDictionary.pdf — A competency model assessment
dictionary

http://www.careeronestop.org/COMPETENCYMODEL/learnCM.aspx —
Competency Modeling Clearinghouse competency modeling details, additional
resources here to help in building a competency model as well as a review of
the literature supporting competency modeling

http://www.careeronestop.org/CompetencyModel/search.aspx — A website where
you can enter specifications into various fields and get more information on
competency model resources

http://www.careeronestop.org/competencymodel//modelFiles/Comm.%20
Computer%20Sys%20Prog.pdf — a Career Field Education and Training Plan
for Communication-Computer-Systems Programming used by the US Air Force
includes various competency models for different levels

http://www.cica.ca/service-and-products/business-opportunities-for-cas/primeplus-
frasl%3B eldercare-services/item10444.aspx — Chartered Accountants
of Canada, AICPA's PrimePlus/ElderCare Competency Model and Self-

Assessment Tool

https://www.cs.state.ny.us/successionplanning/workgroups/competencies/
competencies3comp.html — This link has a compiled list of links/resources that
will aid you in building a leadership/management competency model

http://www.financialcareers.gov.ab.ca/competencies/finance_model.html —
Government of Alberta, Financial Community Competency Model

http://www.hrsg.ca/index.php?sctn=4&ctgry=55 — HRSG —Website contains
software to build fully-integrated competency software

http://www.hrtools.com/insights/chris_wright/competency_modeling.aspx — A
brief blurb about identifying key abilities and writing competencies in terms of
measurable outcomes

http://www.humancapitalinstitute.org/hci/tracks_competencies_top_talent.guid%
3Bjsessionid=C91FFEDFB8A97D0E218265787AE2321C?_currentTab=_
researchTab — A long list of competency modeling white papers and articles
from The Human Capital Institute

http://www.humancapitalinstitute.org/hci/events_webcast_archive.guid?_
trainingID=908— A webcast by The Human Capital Institute that covers how
successful organizations have implemented an effective competency-based
talent management system

http://www.imeche.org/NR/rdonlyres/24F2E8C8-A65F-439B-8795-
4383655391FF/0/REFCompetenceStatement.pdf — Engineering Competence
in the UK Rail Industry

http://www.msha.gov/inspectors/inspectorcompetencymodel.pdf — A competency
model for Mine Safety Inspector/Specialist used by the U.S. Department of
Labor

http://www.opm.gov/studies/transapp.pdf — A competency model for HR
Professionals

http://www.plateau.com/pdf_wp/Competency_MgtWP.pdf — Support for why
competency modeling is important within an organization

http://www.talentmgt.com/talent.php?pt=s&sid=215&mode=preview — An article
from the Talent Management Magazine on competency modeling

http://www.talentmgt.com/talent.php?pt=s&sid=254&mode=preview –– Another article from the Talent Management Magazine on competency modeling

http://www.trainingreference.co.uk/news/itp070330.htm –– UK publishes IT Professional Competency Model

http://www.vanguardcanada.com/LeadershipCompetencyPowrie — An article entitled The Leader-Manager Competency Model For The Ontario Public Service

http://www.wfm.noaa.gov/pdfs/CompetencyModel/Leadership_Mgmt_Model.pdf — A leadership and management competency model used by NOAA

http://www.workitect.com/building_competency_models.php — Live workshops that teach you how to build competency models

http://www.workitect.com/pdf/Competency_Dictionary.pdf — Fleshed out competency dictionary from the company called Workitect, has a strong model of behaviorally anchored competencies

http://www.workitect.com/competency_systems.html — Workitect — Website contains free forms—Individual Development Plan and a competency project planning form.

http://www.wrmtraining.com/wrm/ — Competency cards

著者について

ウィリアム　J　ロスウェル博士（William J. Rothwell, PhD）
SPHR（Senior Professional in Human Resource：人的資源シニアプロフェッショナル）

ペンシルベニア州立大学（以降、州立大）ユニバーシティパーク・キャンパス、学習とパフォーマンスシステム学科教授。産業人教育・開発プログラムでの学習とパフォーマンス担当。学習とパフォーマンスでの最高レベルの大学院プログラムを統括しています。彼は64冊の書籍における章や論文を含め、300もの書籍の執筆や編集を手掛けています。1993年、州立大に赴任する前には、20年に渡って政府やビジネスでのトレーニングの責任者を経験してきました。また、モトローラやGM、フォードなど40以上の多国展開する企業に対するコンサルティングに携わってきました。2004年には、州立大の23のキャンパスの中で、最も優れた大学院教員に与えられる大学院ファカルティ・ティーチング賞（the Graduate Faculty Teaching Award）を受賞しました。トレーナー育成プログラムにおいては、モトローラ・ユニバーシティとリンケージ社からグローバル賞を受賞しました。最近の著作としては、『エフェクティブ・サクセッション・プランニング第4版（Effective Succession Planning, 4th ed.）』（アマコム＜ AMACOM ＞、2010年）『プラクティシング・オーガニゼーション・ディベロップメント第3版（Practicing Organaization Develcpment, 3th ed.）』（ファイファー＜ Pfeiffer ＞、2010年）、『ザ・マネジャーズ・ハンドブック・フォー・マキシマイジング・エンプロイー・ポテンシャル（the Manager's Handbook for Maximizing Employee Potential）』（アマコム、2010年）、『ベーシック・オブ・アダルト・ラーニング（Basics of Adult Learning）』（ASTD、2009年）、『HR トランスフォーメーション（HR Transformation）』『デイビス・ブラック＜ Davies-Black ＞、2008年）、『ワーキン

195

グ・ロンガー（Working Longer）』（アマコム、2008 年）があります。彼は、
『ASTD モデルズ・フォー・ヒューマン・パフォーマンス（ASTD Models
for Human Performance）』（第 2 版、2000 年）、『ASTD モデルズ・フォー・
ワークプレース・ラーニング・アンド・パフォーマンス』（1999 年）、『マッ
ピング・ザ・フューチャー（Mapping the Future）』（2004 年）など、ATD
における最新の 3 つの国際的なコンピテンシー研究の中核メンバーです。ま
た国際会議での基調講演や講義を数多く担当。依頼・連絡はメール wjr9@
psu.edu にて可能です。

ジェームズ　グラバー博士（James Graber, PhD）

　組織心理学者。イリノイ州シカゴ市にある 1981 年に創業したビジネス・
ディシジョンズ社（Business Decisions, Inc）の管理本部長。30 年に渡るコ
ンサルティング経験をもち、マクドナルドやユナイテッド航空、パナソニッ
ク、モトローラ、米国陸軍、シカゴ市、その他オーストラリアやヨーロッパ、
東アジアおよび中東アジアになど 100 以上の国内および国際的企業に関わっ
てきました。専門はコンピテンシーモデル開発、タレントおよびパフォーマン
スマネジメント、360 度アセスメント、トレーニングニーズ分析、従業員育
成、キャリア設計、事業継承、そして人員計画です。1992 年からタレント
およびパフォーマンスマネジメントのソフトウェアの開発に関わっています。
1995 年からは「フォーカス」(focus) というタレントマネジメントのパッケー
ジの専門家として関わっています。4 つの大学で教べんを執る一方、多くの
執筆や講演も行っています。ミシガン大学を卒業し、1980 年にクレアモン
ト大学院大学にて博士号を取得しています。

監訳者紹介

平田謙次（ひらた けんじ）

株式会社エキスパート科学研究所代表取締役。韓国放送通信大学客員教授。東京大学先端科学技術研究センター客員研究員。東京工業大学大学院修了。博士（学術）。産業能率大学助教授、東洋大学准教授を経て現職。長年に渡り組織心理学、仕事場学習論およびオントロジー工学をベースとした熟達科学の研究と実践に従事。その間、ITスキル（ITSS）、組込みスキル（ETSS）、再生可能エネルギースキル（GPSS）などの6つのスキル標準を中核として策定。ISO/IEC においては、e-Learning 品質保証やコンピテンシーモデル、学習者のプロファイルに関する国際標準規格を主査として複数策定・編集し、情報処理学会より標準規格開発賞や国際標準化貢献賞を受賞。ASEM（アジア欧州会合）仕事場学習研究チーム日本代表、日本人材データ標準化協会理事長代行、(株)grooves HRTech 研究所を兼務し、HR の変革に向けた技術開発と標準化を手がけている。主著として『実践知─エキスパートの知性』（共著、有斐閣、2012 年）、『標準教科書 よくわかる情報リテラシー』（共著、技術評論社、2013 年）など多数。著者とは 1998 年から研究交流している。

訳者紹介

[特定非営利活動法人日本イーラーニングコンソシアム（略称「eLC」）]

　eラーニングの普及促進を目的として2001年に設立された団体で、eラーニングのベンダーとユーザー、ならびに教育機関が法人正会員として加盟、その他に賛助会員、個人会員がいる。eラーニングの標準化推進活動やガイドラインの作成、情報提供などとともに、eラーニングのプロフェッショナル人材の育成を活動の柱としている。2007年度より「e学習プロフェッショナル」資格制度を立ち上げた。これは、企業・高等教育機関・公共機関でICTを活用した教育研修プログラム（e-Learning）を導入・活用する際に必要な、戦略策定や導入の企画・設計・開発・運用・評価をする知識やスキルをもつeラーニング専門家を育成し、資格認定することを目的としている。このeラーニング専門家の保有すべきコンピテンシーについては制度立上げ時に策定していたが、その後の技術革新やeラーニングの普及拡大を踏まえた見直しが必要となった。そこで、本資格制度を統括する法人内の下部組織であるeLP研修委員会にてコンピテンシー見直し作業を進めている。今回は、この委員会メンバーを中心として本書の翻訳を分担した。

仲林清（なかばやし　きよし）

　千葉工業大学情報科学部情報ネットワーク学科教授・熊本大学大学院社会文化科学研究科教授システム学専攻客員教授。東京工業大学理工学研究科修士課程修了後、日本電信電話株式会社情報通信処理研究所、NTT レゾナント株式会社などでeラーニングシステムの研究開発・商用化に従事。放送大学 ICT 活用・遠隔教育センター教授を経て現職。早稲田大学大学院人間科学研究科博士課程修了。博士（人間科学）、教育システム情報学会副会長、

情報処理学会情報規格調査会 SC36 専門委員会委員長。1995 International Conference on Computers in Education（ICCE）Outstanding Paper Award, ICCE 2009 Best Technical Design Paper Award 受賞。学習支援システムアーキテクチャ・e ラーニング技術標準化・問題解決に関する教育実践研究などに従事。専門は教育工学。日本イーラーニングコンソシアム副会長。

合田美子（ごうだ よしこ）

　熊本大学大学教育機能開発総合研究センター・同大学大学院社会文化科学研究科教授システム学専攻准教授。　東京学芸大学大学院（英語教育）を修了後、米国フロリダ工科大学大学院修士と博士課程を修了。　M.S.(コンピュータ教育), Ph.D.（科学教育）。　台湾の高雄にある樹徳科技大学で専任講師、米国では母校の大学院での非常勤講師と環境教育をミッションとしている NPO 団体 Marine Resources Council での教育テクノロジーコーディネータなど、海外での豊富な教育と研究経験を持つ。　2005 年に帰国後は、青山学院大学客員研究員、大手前大学准教授などを経て現職。専門は教育工学・英語教育。主著は "Educational Communities of Inquiry: Theoretical Framework、Research and Practice"（共著、IGI Global）、『インストラクショナルデザインとテクノロジ』（共監訳、北大路書房、2013 年）。2006 年より日本イーラーニングコンソシアム eLP 研修委員会で資格制度と研修の開発に従事している。

森田晃子（もりた あきこ）

　サンライトヒューマン TDMC 株式会社　代表取締役。薬剤師、修士（教授システム学、熊本大学大学院）。製薬企業での営業、インストラクター、マネジメント等の経験を経て、2007 年に起業。主に医療分野（製薬企業や病院組織）において、HPI ＆インストラクショナルデザインを軸とした人材開発コンサルティングや学習コンテンツ開発等を行っている。2013 年より熊本大学大学院教授システム学非常勤講師。ラーニングデザイナー資格（eLC）やインストラクター資格（Comptia）の講座運営を通し、人材開発のプロ育成事業にも取り組んでいる。ウェブサイト [http://www.slhtdmc.co.jp/]．2011 年より日本イーラーニングコンソシアム eLP 研修委員会。

五十嵐寿恵（いがらし としえ）

　株式会社富士通ラーニングメディア所属。英国サウサンプトン大学大学院社会人間科学科修士号取得。ベトナム、フィリピンなどアジア各国へのIT技術移転のための研修開発および実施を担当。その後、英国の某アセスメントマネジメントシステム開発企業での研究を経て、日本に帰国後、企業へのアセスメント導入支援やテスト問題の品質管理に従事。コンピテンシーをベースにプロジェクトマネジメント研修を設計した論文としてプロジェクトマネジメント学会主催国際会議（ProMAC 2012）で発表した "Approach to Training Evaluation and Feedback Using Project Manager Competency Model" がある。2011年から2013年まで日本イーラーニングコンソシアムeLP研修委員会。

櫻井良樹（さくらい よしき）

　熊本大学社会文化科学研究科教授システム学専攻非常勤講師。技術経営修士（専門職）。 ICT企業の研究開発や技術開発、製品設計に従事した後、グループ内の人材育成部門に異動し、さまざまな研修の企画開発や運営、ならびにeラーニングのシステム開発・コンテンツ制作・実施運用に携わる。2007年より官公庁や高等教育機関との間で、eラーニングや協働学習、学習行動分析、議論構造可視化などをテーマとした共同研究を進めている。専門は教育工学・技術経営・サービス科学。 2007年より日本イーラーニングコンソシアムeLP研修委員会。日本イーラーニングコンソシアム監事。

Translated and published by Human Value, Inc. by arrangement with the Association for Talent Development (formerly ASTD), Alexandria, Virginia USA.

This translated work is based on
Competency-Based Training Basics by William J. Rothwell & James M. Graber
Copyright © 2010, ASTD. All Rights Reserved.

Japanese translation rights arranged with ATD Press, Alexandria,
Virginia through Tuttle-Mori Agency, Inc., Tokyo

コンピテンシーを活用したトレーニングの基本
— 効果的な事業運営に役立つ研修開発の実践ガイド

2016 年 1 月 15 日　初版第 1 刷発行
2023 年 3 月 13 日　初版第 2 刷発行

著　　者⋯⋯⋯ ウィリアム・ロスウェル & ジェームズ・グラバー
監訳者⋯⋯⋯ 平田謙次
訳　　者⋯⋯⋯ 日本イーラーニングコンソシアム
　　　　　　　　仲林清、合田美子、森田晃子、五十嵐寿恵、櫻井良樹
発行者⋯⋯⋯ 兼清俊光
発　　行⋯⋯⋯ 株式会社 ヒューマンバリュー
　　　　　　　　〒102-0082 東京都千代田区一番町 18 番地 川喜多メモリアルビル 3 階
　　　　　　　　TEL：03-5276-2888（代）　FAX：03-5276-2826
　　　　　　　　http://www.humanvalue.co.jp/hv2/publish/
装　　丁⋯⋯⋯ 株式会社志岐デザイン事務所　小山巧
イラスト⋯⋯ 後藤範行
制作・校正 ⋯ 株式会社ヒューマンバリュー
印刷製本⋯⋯ 株式会社丸井工文社

落丁本・乱丁本はお取り替えいたします。
ISBN 978-4-9906893-5-3

ヒューマンバリューの出版への思い

株式会社ヒューマンバリューは、組織変革・人材開発の質の向上に貢献することをミッションとしています。その事業の一環として、組織変革・人材開発の潮流をリサーチする中で出会ったすばらしい理論・方法論のうち、まだ日本で紹介されていない重要なものを書籍として提供することにしました。

翻訳にあたっては、著者の意向をできるだけ尊重し、意味のずれがないように原文をそのまま活かし、原語を残す形でまとめています。

今後新しい本が出た場合に情報が必要な方は、下記宛にメールアドレスをお知らせください。
book@humanvalue.co.jp